中华先贤人物故事汇

蒲松龄

元　伟　著

中华书局

图书在版编目（CIP）数据

蒲松龄/元伟著. —北京：中华书局，2022.8（2024.10重印）
（中华先贤人物故事汇）
ISBN 978-7-101-15674-4

Ⅰ.蒲… Ⅱ.元… Ⅲ.蒲松龄（1640~1715）-生平事迹
Ⅳ.K825.6

中国版本图书馆 CIP 数据核字（2022）第 048630 号

书　　名	蒲松龄	
著　　者	元　伟	
丛 书 名	中华先贤人物故事汇	
责任编辑	马　燕　董邦冠	
美术总监	张　旺	
封面绘画	冯　戈	
内文插图	张华飈	
责任印制	管　斌	
出版发行	中华书局	
	（北京市丰台区太平桥西里 38 号　100073）	
	http://www.zhbc.com.cn	
	E-mail:zhbc@zhbc.com.cn	
印　　刷	三河市宏达印刷有限公司	
版　　次	2022 年 8 月第 1 版	
	2024 年 10 月第 5 次印刷	
规　　格	开本/787×1092 毫米　1/32	
	印张 4　插页 2　字数 50 千字	
印　　数	10001-12000 册	
国际书号	ISBN 978-7-101-15674-4	
定　　价	20.00 元	

出 版 说 明

孔子周游列国，创立儒家学说；张骞出使西域，开辟丝绸之路；书圣王羲之，留下了曲水流觞的佳话；诗仙李白，写下了"举头望明月，低头思故乡"的名篇；王安石为纠正时弊，推行变法；李时珍广集博采，躬亲实践，编撰医药学名著《本草纲目》……

这些杰出的历史人物，有的是在中华民族文明进程中做出过突出贡献、对后世产生过巨大影响的思想家、政治家，有的是对中华优秀传统文化的传承传播发挥过重大作用的文学家、艺术家、科学家，有的是为国家安定统一、民族融合团结和中外文化交流做出过杰出贡献的军事家、外交家……他们为中华民族的繁荣发展做出了伟大的贡献，他们的行为事迹、风范品格为当世楷模，并垂范后世。

他们是中华民族的先贤人物。他们的思想、品德、事迹，是中华优秀传统文化的结晶；他们的故事，是对中华民族的禀赋、特点和气质最生动、最鲜活的阐释；他们的名字，在五千年中华文明史上最为光彩夺目；他们为五千年中华文明史书写了最为光辉灿烂的篇章。

为了解先贤，走近先贤，我们精心组织编写了这套《中华先贤人物故事汇》丛书，以翔实可靠的史料为依据，细腻动人的故事为载体，真实地呈现中华先贤人物的事迹、品格和精神风貌，彰显他们的贡献和功绩，激发人们对国家民族的热爱，对中华文明、中华优秀传统文化的崇敬。

开卷有益，期待这套丛书成为你的良师益友。

目　录

导　读

　　蒲松龄（1640—1715），字留仙、剑臣，号柳泉，又称柳泉居士，山东省淄川县蒲家庄人。崇祯十三年（1640）出生，康熙五十四年（1715）去世，享寿七十六岁。

　　蒲松龄十九岁时，得到山东学政官施闰章的赏识，以县、府、道三试第一的优异表现，做了头名秀才。他一度春风得意，志存高远，但在接下来的四十多年里，他参加了十多次乡试，却始终未能中式。曾经有一次乡试状态极佳，却因粗心大意而"违式"被黜，成为一生遗恨。直到七十二岁，才援例补了个岁贡生的虚名，聊以自慰。

　　蒲松龄的一生，除了为科举考试而奔走外，绝大多数时间都在坐馆，也就是给大户人家做私塾先生。其中，在西埔村毕家待的时间最长，达三十年之久，经历了毕际有、毕盛钜两代馆东。毕家人对他很优渥，一直挽留他，因此蒲松龄直到七十岁才撤帐归家。

在蒲松龄因科举落第而沮丧失落的时光里，《聊斋志异》成了他的精神家园。不论是对功名举业的渴望，对科举腐败的讽刺，还是对家庭伦理的思考，抑或是对鬼狐知己的想象，这些"孤愤"，都被他写进了小说里。郭沫若先生称赞《聊斋志异》"写鬼写妖高人一等，刺贪刺虐入骨三分"，可谓当之无愧。但是，对小说的嗜好也一定程度上影响了蒲松龄的科举表现。或许可以这么说——清代因此少了一位进士官僚，却多了一位辉耀千古的文学家。

蒲松龄虽然是一介贫寒书生，却极富正义感。当他看到昔日友人孙蕙放纵族人为害乡里时，不惜以绝交为代价进谏；看到贪官舞弊，他愤而揭发检举，不肯罢休；当灾荒爆发，他又积极奔走为民请命，泣血记录着人间惨剧。他的诗文和小说，成为那个时代的见证。

　　蒲松龄虽然生前偃蹇，但身后名垂千古。《聊斋志异》成为中国文学史上最优秀的文言小说之一，他也同曹雪芹、吴敬梓等人一起构成了中国最伟大的小说家阵营。

少年成名

病僧转世

大明崇祯十三年（1640），农历四月十六，初夏。

此刻已是夜里戌时，月明星稀，万籁俱寂。但淄川县以东七里的蒲家庄，一户人家却喧声起伏。

蒲槃焦急地守候在北房外，不时通过窗户，探听屋内的动静。妻子董氏怀胎十月，如今正是紧要关头。

自从昨日妻子感到有些不适，蒲槃便找来稳婆候着了，怎奈等了一天，仍旧未见动静。适才又听闻快了，结果苦等一两个时辰，还是未见生产。连日来的奔走，加上忧心焦躁，令蒲槃着实疲惫。于是走入侧旁屋里暂歇，就着椅子瘫坐了下去。

恍惚间，他似乎听到院外有人声，接着叩门声响起。他一边纳闷是何人此时来访，一边起身，穿过院子去开门。

不料一开门，门外站着一个和尚。也不知是何方的行脚僧，经受了怎样的风餐露宿，方才到了此地。只见他身形佝偻，容貌瘦削；浑身破破烂烂，好似乞丐一般；裸露着半边上身，挂着一根两端开裂的竹杖，咳嗽着，颤颤巍巍地走上前来。走近一看，那和尚胸前贴着铜钱大小的一片膏药。原来是个贫病和尚。

见蒲槃有些惊愕，和尚双手合十作揖，微微一笑。

蒲槃不解地问："敢问老师父来自何方？光临寒舍，有何见教？"

孰料那和尚并不答话，径直走进门来。蒲槃见他举止怪异，伸手阻拦，谁知他竟如空气一般，径直走入院中。蒲槃抓了个空，心下一惊，转身又去拉拽，可那和尚宛若脚下生风，飘然而至内院，转眼间便到了妻子产房前。蒲槃拼命去追，可还是眼睁睁地看着和尚推门而入了，顿时惊恐万分，浑身一震。

半躺在椅子上，昏昏欲睡的蒲槃，兀地坐直了身子，双眼惊恐，满脸苍白，半晌不言。

原来是一个梦。

举手一摸，额头全是汗水，这才发觉，浑身已被冷汗浸透了。

正在这时，外面传来了稳婆的叫声："蒲老爷——蒲老爷呢？快去叫蒲老爷来，娘子生了！是个男娃！"

蒲槃立即清醒了，一个箭步冲了出去。

北房内，妻子董氏已是筋疲力尽，睡了过去。蒲槃小心翼翼地接过稳婆用热水擦洗过包好的婴儿，仔细端详着，喜极而泣。

这是他的第三个儿子。

当他掀开裹布去轻抚孩子肌肤时，猛然发现，这孩子胸前长有一痣！

他想到了刚刚那个梦，梦里那古怪和尚胸前的膏药，与这孩子的痣有几分相像。说来也巧，梦见

蒲槃小心翼翼地接过婴儿，仔细端详。

和尚推门入室，紧接着孩子出生，这真的只是巧合吗？难道，这孩子与那贫病和尚有宿缘？虽然疑窦丛生，但转念又想：梦中之事，终究是镜花水月，不可捉摸。

随后，家人们洒扫祭祖，奔走相告，忙活了一宿方才停当。这时，传来鸡鸣声，天蒙蒙亮了。

蒲槃吩咐家人："快去把备好的弓挂到门上，记住，要挂左边……"

那个时候，淄川一带家里生男孩，都会在大门左边挂上一张弓。大人们都期盼男儿长大后孔武有力，保家卫国。但蒲槃有他的担忧。就在前一年，清兵越过京畿之地，从德州一带渡过黄河，进入山东境内。很快，济南被攻陷，德王朱由枢被俘虏。清军在济南烧杀劫掠，焚毁一空，明军、百姓死伤无数。那时蒲槃经商在外，目睹了战后的惨状，胆战心惊。

相比起保家卫国，他更想儿子平安康寿。于是给孩子起了个名字：蒲松龄。如果天下太平，最好能完成他未竟的科名之梦，做一名"文曲星"。

锋芒初露

二十年过去了，明清鼎革，沧海桑田。

顺治十六年（1659）春天，山东济南府的童子试正在如火如荼地进行。

淄川县蒲家庄外，一对年轻夫妻依依惜别。

男子约莫十八九岁年纪，身材修长，一袭青衫，虽然面带青涩，却精神焕发。女子年纪略小，温婉举止，言语和顺。

"夫君此去路途遥远，寝食千万寻个安稳处，莫要劳累了自己。"年轻的妻子一边给丈夫背上褡裢，一边叮嘱道。

"夫人不必担心。男儿寒窗苦读，为的便是这一回。我此去定要一鼓作气，拿个博士弟子的名头回来。"丈夫说完，转身上路了。

这男子便是蒲松龄，蒲家庄蒲槃家的第三子，也是蒲槃最看重的儿子。

淄川蒲氏一门，向以诗书传家，只是到了蒲槃这一代，举业凋零，家道中落，蒲槃无奈之下只好弃儒经商，养家糊口。可眼看着蒲松龄兄弟四人到了学龄，仍然无力延请塾师，只好亲执教鞭，承担起启蒙教子的责任来。还好儿子们争气，尤其是蒲松龄，最是聪明勤奋，经史课业，过目能解。一晃十多年过去，松龄年已及冠，此次济南府童生试，蒲槃很是看重。

对蒲松龄来讲，这次考试意义非凡。就在前一年，他与幼时定亲的刘氏完婚。人生四喜，已得其一。此番赴试，志在金榜题名。

童子试包含县、府、道三试，其中最后一关道试，由山东学政亲自主持。

蒲松龄前两轮考试顺利通过，只等着道试了。这一天鸡鸣时分，经过点名核实、搜身检查，考生陆续进场。蒲松龄甫一坐定，便听得考官公布制艺题目，仅两个字——"蚤起"。

蒲松龄一看，便知题目出自《孟子》的"齐人有一妻一妾"。这则寓言，他平时读过不下几十回。故事里，齐人的妻子"蚤起"（早起）跟踪丈夫，终于识破了他自欺欺人、爱慕虚荣的嘴脸。

蒲松龄琢磨着孟子的话，想着如何从"蚤起"

来"破题"。忽然奇思乍现——不如将齐人之妻"蚤起"的情态心理描摹一番，或许能出奇制胜！

于是研墨润笔，翻开考卷，信笔写下：

"起而蚤也，瞯之计决矣。"（起这么早，是打定主意要偷窥了）

"瞯"是偷窥的意思。题目是点破了，但还须顺着"破题"去阐发，这在八股文里叫作"承题"。于是又提笔写道：

"夫齐妇之起，何以蚤也？唯瞯良人之故。"（为何齐人妻要早起呢？只因要跟踪丈夫）

接下来该"起讲"和"入手"了。

蒲松龄寻思：孟夫子的用意是讽刺齐人无利不起早、爱慕虚荣。但齐人的妻子却与众不同，她不像丈夫那样贪恋富贵，反而对他每天吹嘘结交富贵的话产生了怀疑，接着迅速制定了周密的偷窥计划。——想到这里，他顺着思路写了下去。

铺垫做好了，接下来就要写"八股"了。蒲松龄琢磨：要论故事讲得引人入胜，人物写得鲜活传神，我自是当仁不让。如今写齐人之妻窥视丈夫，不如就用那小说家的笔法路数，把齐人之妻早起时的思虑盘算心态、犹豫踟蹰情状，细细摹画一番，倒也是一篇奇文了。平日里他没少读那些个时文选集，可总觉得千篇一律，了无生气。这次"兵行险着"，兴许能让主考官另眼相待。妙极，妙极！

想毕，蒲松龄有如成竹在胸，从"起股"写起，经过"中股""后股"再到"束股"，其中有云：

"当此际也，必有辗转反侧，不能终夜者矣……"（齐人之妻苦思如何窥探丈夫，竟然一夜无眠……）

"于是窃窃然而自念也，日吾起乎？"（看到丈夫早起，妻子嘀咕：我要不要起呢）

"因思良人之出也，奔走唯恐其后！"（想到丈夫要出门，赶紧跟上去，别跟丢了）

"东方白矣，妾犹抱衾裯而自若，而有心之妇已颠倒其衣裳。"（天已经蒙蒙亮了，小妾还熟睡着，而别有用心的妻子已经在穿衣服了。）

最后，蒲松龄写下了"大结"："无何，良人出，妇隐告妾曰：姑掩关以相待矣，我去矣。"（不一会儿丈夫就出门了，妻子悄悄和小妾说：

"你姑且关门等着我，我先去了！"）

洋洋洒洒，文章已写成。

此时已是上灯时分，考官开始收卷。时辰刚好。

走出试场的蒲松龄，感觉数日来的压力一扫而光。他长舒一口气，然后背起行囊，疾步消失在暮色中。

幸遇伯乐

数日后的提督学院，学官们正在评定此次童试考卷文章。一份份糊上名字的考卷，在大家面前一一被打开。优秀的考卷在学官们手上传阅不停，伴着啧啧称赞；平庸的卷子稍加浏览就被弃置一旁。署衙的气氛时而轻松活跃，时而严肃沉闷。

此次提督山东学道的学官名叫施闰章，字尚白，号愚山，江南宣城（今安徽宣城）人。顺治六年（1649）考中进士后，先是在刑部任职。十三年（1656）秋，参加了朝廷选拔学臣的考试，得了头名，因而奉命视学山东。这年春天按临章丘，岁试济南府生员，同时主持童子试之院试。

施闰章这个人，与一般的"学究气"主考官不同。他博学多识，极重才情，喜作诗文，还在京城的时候就与诸位名家唱和交游，颇有文名。此番考校士子，也力主在举业之外不拘一格，唯才是取。从晨时阅卷至此，虽也有些阐发精微、文采出众的文章，但多数是生搬硬套的陈词滥调，不忍卒读。于是起身向诸学官问道：

"诸位大人，可曾睹一二佳作？可公诸同好。"

"施大人，适才下官曾将几篇制艺佳作呈您过目，未知尊鉴如何？"一位学官回答。

"我已阅之，然皆法度规范有余，思力似有不足啊！"

"大人所言极是。不过制艺之文，乃代圣人立言，向以严整深明为矩。能兼显才情者，何其难也！"学官说道。此言一出，引得满堂学官纷纷附议。

"诸位大人有所不知，时文虽须谨遵程式，但亦有出乎其外者。前明文人归震川、唐荆川，以古文为时文，径开一新天地，不即此乎？然观诸今日童生，尚是少年心性，万不可墨守成规隐没了他。我非强人之难，但欲诸公择其一二独具文心慧眼者推为佳作。"

一学官说："我手上有一份考卷，正不知如何判处。此人文笔上佳，行文传神，但似乎与制艺文的格式不合，还请大人裁夺。"随即呈上一份考卷。

施闰章展卷一读，见破题便与众不同："起而蚤也，瞷之计决矣。"一般考生提笔便大谈圣贤奥义，此人竟别寻幽径，写到齐人之妻的窥视情状去了。有趣。

再往下看，此人的承题、起讲和入手也独出机杼。虽稍显牵强，但也能点明经义。此子狡黠啊！

而当施闰章看到那一大段洋洋洒洒的骈句时，不由得神采飞扬，朗声笑道："岂有此理！妙文，妙文！"

众人见提学大人如此高兴，都围上来观赏。施闰章说：

"诸位请看这份考卷，形制虽然是时文，读来却丝毫没有板滞之感。他写齐人之妻欲窥视丈夫外出而'蚤起'的情态，如耳闻目见，令人生出讽劝教化之心，真奇文也！此子真奇人也！"

"哈哈，施大人如此说来，果真如此！如此佳作，我等竟然如此昏聩，几乎遗落了良材！"众人一边传阅，一边附和道。

"既如此，就让此子做个头名吧！"施闰章说完，见众人无异议，于是提笔写道：

"空中闻异香，下笔如有神。将一时富贵丑态，毕露于二字之上，直足以维风移俗。"

无独有偶，此次童试中，蒲松龄的另一篇制艺文《一勺之多》，也得到了施闰章的称赏，批语云：

"观书如月，运笔如风，有掉臂游行之乐。施愚山宗师。"

从此，施闰章记住了这个名字——淄川蒲松龄。

不过一两日的时间，考卷已全部判完，不日将张榜公布录取考生。

榜首秀才

回家后的蒲松龄，除了每日读书课业外，就是焦急地等待道试结果了。果然，数日之后县学传来消息：蒲松龄获得县、府、道三试第一名，补博士弟子员，做了头名秀才！

少年得志，蒲松龄喜不自胜，畅想着未来青云直上，光耀门楣。父亲蒲槃更是情难自禁，一脸自豪地向乡人们夸耀着。蒲家庄虽然历年都有进学的人，但榜首秀才还是第一次，因而人人都在赞扬蒲家教子有方，蒲松龄前途无量。

不久，淄川县学也来人了。蒲松龄道试被录取，依例需填写"亲供"，包括年龄、籍贯、三代宗亲以及身高、相貌等等。填完后先交给县学，再由县学官出具印结，汇总上报给学政。

蒲松龄一边写着，一边在想：此次考试所作制艺文实属兵行险着，但却能拔得头筹，想必宗师愚山先生是个极开明通达之人。虽然试场曾见过一面，但彼时自己身心全在作文，不曾留心注意。无论如何，此恩此情，当感念终生。

几天后，提督学院的簪花礼仪式开始了。官署大堂里学子云集，都身穿蓝色长衫，头戴雀顶飞绒帽，齐齐站着，等候学政大人训话。

不一会儿，学政大人施愚山走了出来。他先是恭贺了诸位被录取的生员，又讲了好些鼓励的话。蒲松龄心道：愚山先生其言其情，真是光风霁月，世间少有啊。

正思忖着，忽见人群涌动，原来是到了设宴簪花的环节了。诸生须依次施礼饮酒，接受学政在自己帽子上插花的仪式。蒲松龄贵为头名秀才，率先上前接受"洗礼"。接受簪花时，他的腰弯得很低，虽然事先已有心理准备，但与施闰章对视的一刹那，还是感动得快要流泪了。愚山先生年届不惑，虽贵为一省学使，却毫无官家做派，言语间满是提携勉励之意。

簪花饮酒毕，蒲松龄等一众生员便在各府、州、县学官的带领下，前往孔庙拜谒孔夫子。

礼仪的最后一道程序，便是到学宫的明伦堂拜谒本学学官。一路上，蒲松龄被众人簇拥着前行，很是风光。进入学宫，迎面一个半圆形的水池映入眼帘，蒲松龄心下道：想必这就是"泮水"了。《诗》云："思乐泮水，薄采其芹。"今日我从这泮桥走过，就是"入泮"，成为一位真正的博士弟子了。

面见学官也很顺利，蒲松龄听到的都是些勉励读书进取的话。在他们眼里，中了秀才只不过是科举考试生涯的开始，未来还有重重考验等待着。

等到礼毕归家时，已经是下午了。还未到家，便远远地望见门外张灯结彩，庭院内传来放鞭炮的声音。进门才发现，原来是岳丈刘国鼎来了，一同来庆贺的还有邻舍和乡人。依照淄川当地风俗，已经订亲或者结婚的学子中了秀才，媳妇娘家人是要来庆贺的。蒲松龄虽然疲累，但心里高兴，一一与亲人们叙礼回话，直忙到傍晚，人们才渐渐散去。

父子析居

岁饥之忧

康熙三年（1664）三月将尽，本该是春暖花开的时节，一场突如其来的寒潮席卷了淄川县城。

庄户们经冬历春种下的麦苗刚刚起了长势，就被严霜毁掉了大半。

冻灾的恶果，半年以后开始显现。由于春天麦苗折损严重，秋后收成大减。

蒲松龄一家三代同堂，有十几口人。看着那点可怜的收成，父亲蒲槃着实犯了愁。而对母亲董氏而言，忧心的还不止这些。

自从老大蒲兆箕、老二蒲柏龄和老三蒲松龄成家以来，婆媳、妯娌之间的摩擦就没断过。大儿媳韩氏、二儿媳黄氏，牙尖嘴利，争强好斗，平时喜欢说三道四，甚至对婆婆指指点点。

相比之下，蒲松龄的妻子刘氏就要温婉得多。嫁到蒲家这六七年，一向小心谨慎，朴实少语，服侍公婆无一怨言。与两位强势的嫂子相比，刘氏显得格外安分温良。婆婆董氏对刘氏很是怜爱，逢人便称赞家里有个好儿媳。

但说者无意，听者有心。大嫂韩氏认为婆婆偏心，很生气，背地里教唆妯娌们监视婆婆。婆婆董氏是个光明磊落之人，向来一视同仁。韩氏抓不到把柄，只能借题发挥，无端迁怒婆婆，人前人后无休止地嚼舌。

看到这情形，父亲蒲槃深知一家人难以长期共存，便动了分家的念头。只是董氏一直劝他忍让，才隐而未发。如今粮食歉收，生活多艰，只怕家里会生出更多的是非纷争。既然儿子都已成家，不如各自过活吧。

董氏看着丈夫，沉默半晌，点头答应了。

父子分家

蒲檠挑了个日子，把一家人叫到大堂，说了分家的事。又请了亲家娘舅和同族的叔伯们，一起做个见证。

见人都到齐了，蒲檠开口道：

"我蒲家三世同堂，既享受着天伦之福，也担负着一家十余口人的生计。如今你们兄弟几个都已成家，同在一个屋檐下生活，难免有些不便。况且今年收成不好，再合着过下去，恐怕会生出磕碰纷争。所以，我和你们母亲商量了下，决定分家。今天各位亲朋好友在场，就帮忙做个见证吧。"

然后，拿出了事先想好的析产方案：

"今分与你们兄弟每家二十亩，望你们勤加护埋，用心耕作，若无大灾，可保口粮无虞。"

"至于要分的粮食，你们也看到了，今年没什么收成，就算把往年囤积的莜麦和谷子都算进去，也不见得富余。今天就分给你们每家莜麦五斗、谷子三斗吧。天年不好，粮食就这些，该吃多少，该留多少来年耕种，你们自己谋划吧。"

听到这里，兄弟几人默不作声，一脸愁容。大嫂和二嫂嘀嘀咕咕，也不知在说些什么。

"至于房产，"蒲槃道，"眼下有大屋三处，另有一处场屋，其中有老屋三间，统共四处，分给你们兄弟。公平起见，你们就抓阄决定吧！"

说着拿出事先写好的纸团，放进一个箱子里，让兄弟四人抓。几个儿媳眼巴巴地盯着，心里可着急了，都不想抓到场屋那一处。

最终，场屋的三间老屋被蒲松龄抽到了。看着嫂子们暗自窃喜的神情，蒲松龄和刘氏有些失落。兄弟们分到了大房子，有卧室，也有做饭的地方，还有空闲的房间；而蒲松龄分到的场屋虽大，却只有三间老房，且年久失修，连院墙都没有。

心情一不好，对接下来的分派挑选也就没了兴致。

蒲槃和董氏早就整理出一些农具和杂物，让儿子们挑选。虽然只是一些种地用的器具，像斧、锹、镢头、锄头、犁耙、篓子、纺车，以及一些日用物品，如锅、碗、瓢、盆和桌椅等，大嫂二嫂不

蒲槃和董氏早就整理出一些农具和杂物，让儿子们挑选。

管三七二十一，拣着完好的就往自家挪运。那些有缺损的、年久失修的家具物件，则被横七竖八地扔在一旁。

蒲槃和董氏见状，只能叹气。

而蒲松龄和妻子刘氏因为没抽到满意的房子，对眼前的日用物件也失去了兴趣。刘氏本性不喜争抢，这会儿又情绪低落，只是默默站在一旁。等到兄弟都挑得差不多了，才收拾了几件老旧家具回去。

为稻粱谋

随着蒲松龄父兄和见证人在分家文书上签名盖章，按了手印，一家人变成了五家人。

这年，蒲松龄还不满二十五岁，有个三岁的儿子，名叫蒲箬。

不过对他来说，分家还不是最坏的消息。更令他沮丧的是，此前一年，他再次在乡试中落榜。这让他这个十九岁就冠冕童科、名动乡里，自以为前途无限的"天才"很受打击。为此，他专门写了一篇志怪小说《叶生》，来抒发自己极度渴望科名的心情。小说中的叶生也是一位科举落榜者，为了一酬夙愿，竟然舍生忘死，灵魂离体。叶生就是蒲松龄的化身，倾注了他的所思所想。

但尽管如此，为了生计，他又不得不外出坐馆，以求谋生。

场屋距离原来的家有点远，这房子本来是蒲家在麦收时节暂住的，一向疏于打理，因而屋梁之间蛛网缩结，尘灰悬落，看上去很是破败。场屋周围已经许久没有用石碌子碾修了，经春历秋，飞絮草籽早已长成了齐腰高的杂草，<u>丛丛簇簇</u>，掩映着老屋的矮墙。

房屋破旧倒不打紧，最关键的是没有院墙。房屋就这么暴露在荒野里，很不安全。

蒲松龄长年在外游学坐馆，刘氏常常一人带着孩子在家。为了修盖院墙，她清理了杂草，然后雇人来垒墙。这里地处偏僻，来客很少。刘氏带着三岁的蒲箬，形单影只，只能自娱自乐。每当听见有人来，便高兴不已。

一天晚上，刘氏把儿子哄睡后，点上油灯，纺线织布。农村白天活儿多，媳妇们只能在晚上睡前做点针线活儿，纳个鞋底，或者纺线织布。蒲箬安静地睡着，纺车吱呀呀地转着，织布机不停地穿梭着。

忽然，院子里呼啦一声响动，似乎有什么东西掉落在地。刘氏顿了一下，没有理会，想是谁家的猫踩落了东西吧。

又过了一会儿，听到鸡窝里一阵哄叫，圈里的猪也嗷嗷地叫。刘氏心想，难道是贼人来偷盗？也不敢出去看，就从窗户开了个小缝，往外瞄了一眼。

只见黑暗里闪着一对绿幽幽的眼睛，原来是只狼！刘氏吓得魂不守舍，只能彻夜点着油灯，还在火盆里燃起一堆火，蜷缩在被窝里等着天明。所幸后来狼离开了。

不久蒲松龄归家，听妻子讲了这些事情后，又是怜惜，又是发愁。怜惜的是妻儿在家无依无靠，饥寒交迫，愁的是自己谋生能力乏善可陈，而且还要分身准备科考。自从分家以后，家中就没有余粮，加上连续几年旱灾歉收，常常吃完上顿没了下顿。他深知刘氏一人不易，但如果自己也守在家里，又拿什么来养家糊口呢？

短短数日后，蒲松龄便又踏上了外出的路途。先是同乡的富户沈天祥邀他去做客，后来好友李尧臣又邀请他到家一起就读，顺便资助他。从康熙四年（1665）开始，他又到本县的缙绅王永印家里坐馆。沈家、李家和王家都是当地的望族富户、诗礼之家，对于蒲松龄这样的才子很是欢迎。而在蒲松龄看来，除了学有所用之外，还能赚些文笔之资，补贴家用。

分家后的第三年，也就是康熙五年（1666），蒲松龄和好友张笃庆、李尧臣一起到济南参加乡试，途中张笃庆因病弃考，而蒲松龄和李尧臣也没能考中。

雪上加霜的是，康熙八年（1669），父亲蒲槃去世，他也因为丁父忧而未能参加这一年的乡试。此后，二儿子蒲篪和女儿也相继出生，蒲松龄同时沉浸在失怙的悲伤和养家的愁苦中，心力交瘁。

就在这个时候，远在江苏宝应做知县的同乡人孙蕙，向蒲松龄抛来了橄榄枝，邀他去做幕宾。生活困窘的蒲松龄闻讯，欣然前往，开始了为期一年的游幕生涯。

南游入幕

千里南游

康熙九年（1670），中秋节刚过，蒲松龄便告别妻儿，收拾行囊上路了。

聘请他做幕宾的孙蕙，字树百，也是淄川人，顺治十八年（1661）就中了进士。在刑部司务厅任职八年后，康熙八年（1669）改任江苏扬州宝应县知县。没想到甫一到任，地处水陆要冲的宝应县正在闹水害，百姓叫苦不迭。孙蕙雷厉风行，迅速修缮了河堤，又开始整顿吏治，兴利除弊，一时间忙得不可开交。府里虽有几位宾僚帮忙拟写公私文书，但还是忙不过来。

一日，府宾向他建议道："大人何不找寻一旧日相识，最好是文笔上佳者来相助呢？"

孙蕙回忆登第前的交往友人，忽然记起蒲松龄来。听高珩和唐梦赉二位先生提起过，此人文名相当好，同样受学于施闰章先生，却一直未能登第，且近闻他生活拮据，于是托人相问，蒲松龄一听就答应了。

从淄川县到宝应县，山险水隔。蒲松龄一路长途跋涉，风餐露宿。每当感觉寂寞无聊，便与逆旅相逢之人畅谈鬼狐故事。听到精彩处便记下来，打算写进《聊斋志异》里。一次在旅舍相识的沂州人刘子敬那里看到一本《桑生传》，回来就写了《莲香》，讲的就是狐鬼与书生的爱情故事。

就这样，一个月后，蒲松龄终于抵达了山阳县（今江苏淮安）。经过县内的平河桥时，迎面走来一行车马，似是官家模样，上来问道：

"来者可是留仙先生？"

"正是蒲某，"蒲松龄答道，"未知尊驾是何人？"

"总算接到先生了。在下奉孙大人之命前来迎接先生，先生一路辛苦，此距宝应县城已经不远，咱们很快就到。"

"孙大人盛情，蒲某感激不尽。"蒲松龄拱手谢道。

不到半天时间，便到了宝应县署。

"孙大人，蒲先生到了。"接蒲松龄回来的衙役禀告。

孙蕙正在草拟文书，闻言停笔，迎了出去。

"留仙兄，好久不见，弟盼兄来，如久旱待甘霖啊。"

"孙大人言重了，蒲某定当尽心竭力，为大人分忧。"

寒暄毕，二人于客厅分坐下，吃茶忆旧。交谈中，蒲松龄得知孙蕙正在竭力整治水患，公务繁忙，着实需要帮手。

幕宾都住在县署里。蒲松龄的住处斋号为"一鹤轩"，同住的幕友叫刘大成，也是山东人。

为友分忧

不久，孙蕙遇到了一件难事。

宝应县毗邻京杭大运河，由于长期洪水泛滥，导致河道淤积堵塞，严重影响了漕运。要知道，清代的经济发展十分仰仗运河，因此上级下了死命令，必须限期完成疏浚。

河道都御史罗多十分严苛，立即下令让临近运河的州县征集民夫开工。孙蕙收到的命令是征集七千人，四十日之内把县内的河段疏通。

这显然是个不可能完成的任务。宝应县本就遭遇洪灾，百姓流离失所者众多，如果强制征用民夫，岂不失了民心？

孙蕙不忍劳民，因此不顾上级命令，只征用了一千人，进度自然慢了。

罗多得知后大为光火，声称要弹劾孙蕙违命之罪。如果成立，孙蕙将会受到严重处分。扬州道副使张万春也前来劝和，让孙蕙主动和罗多认个错。

可孙蕙却是一副硬骨头，还放出话说："我孙某宁愿被免去官职，也不愿劳民伤财！"

蒲松龄刚来，对官场还不了解，遇到这种事，很是激愤。他十分赞赏孙蕙的做法，同时也忧心不已。他想分忧却无能为力，于是写了一首诗《闻孙树百以河工忤大僚》抒怀：

> 故人憔悴折腰苦，世路风波强项难。
> 吾辈只应焚笔砚，莫将此股葬江干。

这段时间，蒲松龄一直和幕友在为孙蕙出谋划策。为了争取百姓支持，他们还把孙蕙的义举讲给百姓听。自孙蕙到任以来，颇有政声，宝应县百姓很拥戴他。听说他为了保护百姓而得罪上司，有丢官的风险，便自发组织起来到都御史邮署，为孙蕙请愿。

罗多看到这情形，便承诺说："如果你们在六天之内完工，我就不予追究了。"

宝应县的百姓信以为真，前前后后有将近万人争先恐后地奔赴运河做工。偌大的工程，三天三夜就完成了。

事已至此，罗多叹道："人都说宝应县令很有才干，如今看来，名不虚传！"

蒲松龄见友人化险为夷，心中的石头也落了地。

可是一波未平，一波又起。

孙蕙因为抗命而收获了贤能的名声，本以为会在官员的考核中获评"卓异"。可没想到的是，他居然接到了兼署高邮治理灾患的命令。

看到孙蕙忍气吞声，蒲松龄看不下去了，只能以诗感叹世道不公：

> 但余白发无公道，只恐东风亦世情。
> 我自蹉跎君偃蹇，两人踪迹可怜生。

此后的一年里，孙蕙又多次遭遇不公，蒲松龄时时告慰劝解。

辞幕北归

秋去冬来，转眼间，蒲松龄来到宝应已经四个多月了。

正月十九，年味儿尚在，官署已经开始忙碌了。蒲松龄随孙蕙去扬州府办事，回来便收到一封家书。

信是妻子托同族的秀才写的，蒲松龄看完之后心情十分低落。

妻子刘氏又怀孕了，行动不便，但还得独自带着三个孩子。老母亲年迈体弱，需要兄弟们轮流赡养。可是，嫂嫂们一向与母亲相处不好，如今责任落到头上，更是敷衍推诿。

蒲松龄自从南游以来，很少陪伴妻儿，更无法亲侍老母亲，心里着实觉得亏欠。晚上，他独自借酒消愁。

孙蕙及幕友们见他有异，问他，他也不愿多说。

接下来的好几天，蒲松龄都有些神思恍惚。孙蕙府里有公务应酬，他也尽职尽责去做，但却没有先前的那种精气神儿了。

蒲松龄深知，只有通过科举考试才能改变命运，做幕宾虽能缓一时之急，终究还是为别人做嫁衣，非长久之计。每次模仿孙蕙的身份去写书信贺词，看着与孙蕙结交的都是有科名的官员缙绅，而自己却一袭青衫，心里不由得酸楚。

更何况，明年又是乡试之年，留给自己的时间也不多了。想到这些，他渐生离意。

一天，他向孙蕙表达了辞归之意："蒙树百兄不弃，松龄得以托庇于舍下，借以养家。怎奈弟功名未就，常怀忧虑，如今一年已过，焦心更甚。且明年又开秋闱，深感时日无多，因此请辞。还望兄谅之宥之。"

孙蕙有些意外。自蒲松龄入幕以来，自己对他十分信赖。为了表示倚重，他还常常为蒲松龄开方便之门。此时见他要走，心中不忍，盛情挽留。

蒲松龄见孙蕙如此礼遇，也确实不好推脱，只好又留了些时日。

但随着时间推移，蒲松龄心中的块垒并没有消除，反而越来越沉重。眼看到了八月，实在无法再拖延，便再次请辞。

孙蕙见他态度坚决，不好勉强，只得答应了。

几日后，宝应城中道别，孙蕙将蒲松龄送至门外。孙蕙道："留仙此去，不知何时才能再相见。兄虽几番科场折戟，但日后必有高中之时。前日我听闻，明年赴山东主考者为一旧友，因此打算修书一封给他，请他多加照拂。事成与否，尚未可知，聊表寸心而已！"

"树百兄如此高义，松龄无以为报！但愿日后多通消息，愿效犬马之劳！就此别过了！"蒲松龄向二人拱手道。

"留仙兄，保重！"

远离了衙门繁务，策马走上归途，蒲松龄感觉些许轻松。

坐馆毕家

初登毕府

康熙十八年（1679）春，在经历了长达六七年的散馆游学生涯之后，蒲松龄辗转来到本县西埔村的毕家坐馆。

至西埔村，远远望见毕府门前已有两人在等候，见他走近，上前拱手道：

"敢问尊驾可是留仙先生？"

"正是蒲某。"

"先生大驾光临，有失远迎，快请进府吧！我家老爷已恭候多时了。"

原来这两人是毕府的管事，他们所说的"老

爷"，正是蒲松龄的馆东毕际有。

毕家是淄川的世家大族，祖上做过尚书大员，如今这毕府，便是当年毕尚书的府第。毕家和山东众多世家大户都曾联姻，如今这一代虽然衰落，但毕际有兄弟子嗣多是贡生，做过官，在当地依然很有身份。而蒲松龄年满四十，虽已是淄川一带的文化名人，却时运不济，一直困于场屋。毕际有听说当年的头名秀才蒲松龄一直未能中举，而且生活困难，便决定请他来做塾师。

蒲松龄跟着二人进到一处名为"绰然堂"的厅堂，见其间宽绰明净，桌椅陈列井然有序，知道是毕府接待宾客和塾师课徒的地方了。刚走进去，便有两位衣着尊贵、仪态优雅的男子起身，拱手向他问好。这便是毕际有及次子毕盛钜。蒲松龄见毕家父子举止谦和，不愧世家风范，心生好感。几盏茶的工夫，便已相熟。

毕际有道："实不相瞒，请先生来，主要是为我几个孙儿开蒙，教做举业，也好日后谋个科名。老夫年纪大了，愆懒无力，只好烦请留仙兄代劳了！"

"您客气了。这是在下分内的事，理当尽力。"

毕际有也是风雅之士，当下便与蒲松龄谈了些经纶义理，深感眼前这位不得志的秀才，虽其貌不扬，文才倒是十分出众。天色已晚，便唤来管事的人，领着蒲松龄前往住处安歇。

蒲松龄一路走来，看到了青石铺就的廊道甬路，窗明几净的楼阁堂屋，还看到了翰墨飘香的藏书楼。走着走着，到了石隐园。园中假山兀起，荷池泛波，池边修了一条栈道，尽头是一座凉亭。蒲松龄心道："好一个风雅去处！"虽然初春时节依旧寒意袭人，但看到此景，还是令人心旷神怡。

又走了一会儿，看到一排房子，清幽安静。管事的人对蒲松龄道："先生，这便是您的住处了。"

送走管事的人，蒲松龄收拾停当，躺下之后，心中琢磨道："看今日的情形，毕府究竟与别处不同，对待子孙教育想必也极为重视。我须得打起十二分精神，切不可被人耻笑了去。"

想到这里，他望向自己的书箧，心里暗暗做了一个决定。

已是深夜，万籁俱寂，只有石隐园的一角里还透着微光。

蒲松龄正在奋笔疾书。

油灯昏暗，不时地摇曳欲灭，他隔一会儿便挑一挑，剪去烧焦的芯头。灯光掩映下，他面容昏黄，发丝映白，但却精神抖擞。案上已经堆积了一大摞书稿，码放得整整齐齐。蒲松龄又展开一页新纸，继续濡毫走笔，写下"聊斋自志"四个字。

此刻，他将要完成一件大事，一件坚持了很久的事。他心潮澎湃，没有半点困意。

自从见过毕家主人后，他就决定，以后"洗心革面"，不再写鬼狐小说了。这意味着他深爱的《聊斋志异》，也要告一段落了。他打算今晚写一篇序志。

窗户虽已用绵纸密封，却依旧有夜风钻进来，嘶嘶作响。初春寒意尚在，炉内的炭火已经烧尽，冒起了青烟。这点温热与寒夜相比，如同杯水车薪。

"才非干宝，雅爱搜神。情类黄州，喜人谈鬼。……集腋为裘，妄续幽冥之录。浮白载笔，仅成孤愤之书。"

油灯昏暗，蒲松龄展开一页新纸，写下"聊斋自志"四个字。

写着写着，蒲松龄感觉手指要冻僵了，于是搁下笔，摩拳擦掌，频频呵气。待稍暖和些，又提笔写下去。

"咦?"忽然，他惊叹一声。

原来刚磨好的墨汁也冻上了，毛笔蘸上去，墨冰碎开，"刺啦"作响。于是强行铺毫蘸墨，写下最后一句:

"知我者，其在青林黑塞间乎?"

然后，他站了起来，负手而立，望向窗外。

"是该告一段落了。"他低语道。

摇曳的灯光下，一人，一桌，一支笔，一摞书稿。

课徒之趣

接下来的几日，蒲松龄白天到绰然堂教孩子们读书写字，晚上回到住处写诗著文。毕家偶尔有客来，也会叫上蒲松龄作陪。来客见蒲松龄谈吐不俗，又对毕家多了几分赞许，令毕际有颇为自得。

毕家的几个孙儿年岁尚小，上课时虽然安静，可一到吃饭的时候便乱成一团。每当这时，蒲松龄就乐呵呵地看着他们。大一点的孩子不到十岁，小点的只有四五岁，看他们一窝蜂冲向饭桌，脚步咚咚如同楂鼓。刚刚坐定，又相互挤占座位，你争我让，有时候撅倒了椅子。年纪小的筷子还用不好，饭菜掉得满桌都是。看到不想吃的菜，要么不肯动筷子，要么在盘子里翻来翻去，挑肥拣瘦，弄得满盘狼藉；若是看到美味菜肴，唯恐被别人吃掉，直接上手去抓，抓到了就囫囵吞下，又一时咽不下，噎得伸长了脖子。坐得远的孩子，好不容易够到了想吃的菜，发现已经被吃光，开始哭喊起来。

蒲松龄写文章，最喜描摹人物，于是他把孩子们在饭桌上的活泼情状写成了诗赋，名曰《绰然堂会食赋》，还拿给毕际有和毕盛钜看，引得他们捧腹大笑。

蒲松龄游幕坐馆，寄人篱下，其实也是无奈之举。以前在各处坐馆和做幕宾时，时常会自伤身世，无法久居。可毕家待他太好了，毕际有许诺说：除了塾师薪酬，蒲松龄的个人用度，全部由毕家供应。毕家藏书宏富，蒲松龄可以随意取阅。原来蒲松龄在别处谋生时，夏天不堪溽暑，冬日难耐冻寒。而在毕府，夏天酷热时他住在石隐园里，这里清凉幽静；冬天冷了，他就到绰然堂里住着，这里炉火烧得旺。更令他宽心的是，在毕家的帮助下，家庭状况也得到了缓解。

宾主乐处

毕府是个闲适的世界。

毕际有自从罢官归田后，整日里优游自娱，今日宴请宾客聚会，明日至别人家中赴宴贺赏，一时间名流过从，目不暇接。应酬之余，他还喜欢诗酒琴棋，真真是个富贵闲人。

本来，他请蒲松龄来家只是为了教孙子读书、学习举业，孰料时间一长，自己倚重他的地方更多了。

毕际有喜欢文墨，年轻时写过文稿，编过县志，如今年岁渐高，不想受这文思之苦了。蒲松龄刚来不久，便遇上毕家有亲戚去世，需要回函复礼，毕际有便找蒲松龄代笔。蒲松龄有求必应，挥笔立就。

毕际有见蒲松龄文采斐然，法度严谨，甚合他意，心中大喜。从此以后，但凡有缙绅来访，官员拜谒，一定会带上蒲松龄迎送作陪。应酬文字，全部交给蒲松龄去写。前些时日，淄川县令和学师调任，不日又有新官来任，本地乡绅照例要去送行和接迎，毕际有灵机一动，直接让蒲松龄以毕家西宾的身份前去。甚至有些需要到县衙里打点疏通的事务，毕际有也委派蒲松龄去办。蒲松龄文名在外，又谈吐风雅，办事也得体。慢慢地，他在毕家变得不可或缺了。

被如此重用，蒲松龄倒也乐此不疲。毕际有不摆东家的架子，有时还"不耻下问"，把自己的作品拿给蒲松龄品评。这倒是令蒲松龄始料未及的，自此之后，宾主之间的距离感渐渐消失了，两人无话不谈。

一日两人闲谈，说到文章举业乃第一要务，切不可迷乱本心，走入歧途云云。毕际有忽然试探着问蒲松龄："听闻留仙兄曾作鬼狐之书，可有此事？"

蒲松龄闻言心中一凛，面露难色，解释道："实在让毕先生见笑了！确……确有其事。弟只是贪爱搜神志异、谈鬼说狐，日积月累，倒也有些篇幅了，取名《聊斋志异》。只是自娱而已。不过，弟已迷途知返，将其结集封存，一心专务制艺了。"

"哦？"毕际有惊讶道："留仙兄责己太过了。古之贤人，往往既通圣贤义理，又喜街谈巷语。鬼神怪异，本就是大家喜闻乐听之事，兄又何必如此介意呢？"

听到毕际有这么说，蒲松龄心情顿时放松了，他说道："实不相瞒，初到贵府时，弟还为此不安，唯恐影响了孩子们的课业。没想到先生如此雅量，惭愧，惭愧！"

"既然如此，能否借在下一观呢？此等书读来如饮甘泉，还可以领略留仙兄之高才！"

"先生见爱，自无不可。"于是他转身从书架上取下一个函套，将之前封存的手稿递给毕际有。"家有敝帚，享之千金。还望毕兄雅正。"

毕际有见书稿齐整，却还未装订成册，知他只是暂时停笔。于是说道："留仙兄的心思，我都知道了。大丈夫成事与否，不在此小节，还请兄'重操旧业'吧。这些我先拿去拜读，等着读兄的新作！"于是小心翼翼包好手稿，就告别了。

蒲松龄一时呆坐在原地，心中忧喜交加。先前立下的誓愿，有些松动下来了。

没过几日，毕际有便将书稿还了回来，大加赞赏。叹服之余，还给蒲松龄讲了两个小故事。一个是一只会说话的八哥鸟，机灵地帮助它的主人脱困；一个是有个人梦见有人叫他"五羖大夫"，以为自己会成为百里奚那样的人物，结果发现是神灵在嘲弄他。

见东家如此有兴致，蒲松龄就把这两个故事也写进《聊斋志异》了，即《鸲鹆》和《五羖大夫》。

重续旧作

美好的时光总是短暂的，转眼间，蒲松龄已到毕府三年。他喜欢写鬼怪故事这件事在毕家传开了，很多人来找他闲谈。

有一次，毕家一个女仆找到蒲松龄，给他讲了自己经历过的一件事。她的夫家姓祝，公公刚死没多久，就因为放心不下婆婆而复活，又让婆婆匆匆安排好后事，和他一起死去。蒲松龄听完很受触动，也写进了《聊斋志异》里，还感慨说如果人都能死而复生，就少了很多夫妻死别的痛苦了。

毕家的子弟也来借蒲松龄的小说。其中有个叫毕胜锡的，表字怡庵，比蒲松龄还大几岁，读得最入迷。腊月的一天，他又来找蒲松龄开怀畅聊。

毕胜锡说，他最喜欢《青凤》，讲一个姓耿的书生在废宅里遇到狐女青凤，爱上了她，后来历尽曲折，终成眷属。他读后实在是太羡慕了，希望自己也能遇到青凤这样的美貌狐女。他又给蒲松龄讲了一件自己经历的事。

毕际有还有一处宅院，平时不住，传闻那里有狐狸出没。毕胜锡听闻后很感兴趣，趁着一次去办事的机会，进了宅院。想起小说《青凤》中的情节，不由得心驰神往，仿佛置身狐仙居所，独自遐想了很久。回家时天色已黑，此时正是盛夏，湿热难耐，于是进家就睡下了。恍惚之间，有人把他摇醒，睁眼一看，原来是一位美貌少妇，自称是狐，说与他有缘，明晚要把女儿带来，许配给他。到第二天晚上，狐女果然到来，与他共度良宵，结成连理。第三天，毕胜锡又在梦中见到狐女来庆贺，觥筹交错，十分欢乐。狐女嘱咐他不要对外人提起，但毕胜锡无意间向别人透露了这件事，狐女不高兴，来得少了。狐女知道毕胜锡深爱青凤，有一天忽然出现，质问毕胜锡自己和青凤相比如何。毕说她胜过青凤，但狐女却说自愧不如，请求毕胜锡委托好友蒲松龄为她写一篇传奇，这样的话，以后也会有很多人像喜欢青凤那样喜欢她了。说完洒泪诀别。

毕胜锡讲得绘声绘色，蒲松龄听完，哈哈一笑道："好一个毕怡庵，难为你想得出来！我原以为是什么真故事，没想到又是你杜撰的！"

"哈哈，留仙兄觉得我这'奇遇'怎么样？比之《青凤》如何？"

"世间若真有这样的狐女，要蒲某为她写一篇小传，这倒是蒲某的荣幸了。哈哈！"

二人相对大笑，寒冷的冬日也不那么难捱了。

毕胜锡走后，蒲松龄赶忙拿出纸墨，记下了这个故事，名字就叫《狐梦》。

结交渔洋

夤缘初识

康熙二十六年（1687）春节刚过，毕家接连发生不幸。

先是在除夕之夜，毕盛育的孙子不幸夭折。毕盛育忧伤过度，十几天后也病逝了。儿子毕世持于半月之内痛失两位至亲，伤心成疾，卧床不起。

这一日，毕家正忙着办理丧事，看门的老苍头忽然跑进来通报："老爷，新城王家来人了。"

毕世持一面挣扎着起身，一面遣人去接。不一会儿，一行人步入内院来，径直走入会客厅，宾主分坐。为首的是一位年过五旬的男子，看上去身份显贵，面温如玉，英姿犹存。

蒲松龄因是毕家的西宾，又是当地有名的秀才，便被安排一起接待来客。席间寒暄，他方才得知来者竟然是王士禛，翰林院侍讲学士，当朝第一诗人！此人是山东新城人氏，字贻上，号阮亭，世称渔洋先生。新城王家与淄川毕家是三四代的姻亲，毕际有正是王士禛的从姑父。这次王士禛专程前来吊唁和省亲，并探望毕世持。

新城王氏是名门大族，自明末以来，三代显宦，四世宫保。淄川距离新城不远，是以蒲松龄早闻王渔洋大名，神交已久，没想到会在这里遇见。

会客间，毕际有向王士禛介绍蒲松龄："士禛贤侄，这位是蒲松龄秀才，表字留仙，淄川人氏，颇有文名，今在寒舍坐馆。这几日，就让留仙陪你叙谈吧。"二人互作了揖，彼此寒暄了数句。王士禛见蒲松龄文思粲然，谈吐不俗，令他刮目相待；松龄得见当世巨擘，自然也喜不自胜。

接下来的两三天，除了吊唁、内外省问和应酬外，王士禛多数时间都在和蒲松龄评诗品文，论史谈艺。蒲松龄知王士禛是作诗圣手，便拿出自己的诗稿乞求斧正。不过王士禛写诗极力倡导神韵说，追求风格清远，自然有些看不上蒲松龄那些质直的诗句；但他还是常常鼓励蒲松龄，比如说他的某句诗"起语陡健"了，某句风格"苍老"，都快赶得上少陵（杜甫）了之类，听得蒲松龄激动不已。在他心里，能亲炙渔洋先生已是幸事，被称赞简直称得上是荣耀了。

姑妄言之

这一日，见毕府事务稍歇，两人又对坐饮茶，说些写诗作文之法、古今贤愚之论。忽然，王士禛侧过身来，低声问道："留仙兄，弟听闻兄曾撰鬼狐之书，可是真事？"

蒲松龄一听，顿时涨红了脸，嚅声道："弟确实撰有一书，名曰《聊斋志异》，不过是些幽明灵异之谈，难登大雅之堂，让先生见笑了。"

蒲松龄的局促，与当时的环境有关。须知在明清二代，穷究四书五经，研写八股文章才是正道，写小说往往会被讥讽不务正业。

看到蒲松龄的不自在，王士禛安慰道："兄不必自谦，更不必妄自菲薄。神怪之书，古今皆有。实不相瞒，愚弟亦喜谈异，偶尔也笔录成文。"说完细捋长须，悄然一笑。接着正色道："圣人虽然不讲怪力乱神之事，但却说过'敬鬼神而远之'。而且人间之大，无奇不有，我辈中人亦喜好谈怪记异，弟所著者，《池北偶谈》是也。如果能警人耳目，又暗寓劝善之理，何乐而不为呢？"

此番言论，竟然出自一位翰林学士之口，着实令蒲松龄敬服不已。当即将自己写作《聊斋志异》之事一一说与王士禛听。

没想到，王士禛对蒲松龄的诗文不甚属意，却对《聊斋志异》兴趣颇浓。二人谈鬼说狐，不知不觉已至深夜。见渔洋先生如此有兴致，蒲松龄就将一部分《聊斋》书稿呈送王士禛。

回到住处，王士禛也顾不得疲乏，连忙点灯夜读。他没想到，淄川这乡野之地，竟然有如此生花妙笔。可惜此次前来时日紧迫，只能速览，无法细细品鉴了。临行前依依不舍地归还了书稿，并与蒲松龄惜别。

　　一日，见毕府事务稍歇，渔洋先生邀请蒲松龄对坐饮茶，
谈鬼说狐。

而蒲松龄自从结识渔洋先生之后，激动之情久久不能平息。先生对他的褒赞提携，特别是对《聊斋志异》的偏爱，令科举屡屡受挫的他大受鼓舞。在他心里，王士禛与施闰章两位先生，都是他的伯乐，对他有知遇之恩。

可是，这种喜悦的心情没持续多久，就被好友张笃庆的一封"规劝"信给浇灭了。

这到底是怎么一回事呢？

原来就在前一年，蒲松龄的好友张笃庆考取了山东头名拔贡，年后又入了京师国子监，准备顺天府乡试，可谓是功名在望。张笃庆与蒲松龄不同，他是明朝宰辅张至发的曾孙，家世显赫，京城里也有不少世家故交为之推介，结交了不少名士。张笃庆情绪高涨，想到家乡的同学，忽然生出"劝勉"之心，便写了一封信。

信是写给蒲松龄和李尧臣的，里面是一首七律《寄留仙、希梅诸子》。前面都是些相互砥砺奋进的话，最后一句让蒲松龄的心情低落到了谷底：

此后还期俱努力，聊斋且莫竞谈空。

张笃庆本是好意，他觉得蒲松龄之所以科举不利，很大一部分原因就是写狐鬼故事牵扯了大量精力，所以劝他专心举业。可这却戳中了蒲松龄的软肋，令他黯然神伤，先前王士禛带给他的鼓舞也一扫而空了。

志怪之交

话分两头。却说王士禛与蒲松龄告别之后，对《聊斋志异》还是念念不忘。当年夏天便派人送来一封信，还附赠了上好香茶。蒲松龄闻讯十分欢喜，启封一看，原来王士禛因上次时间仓促未能尽阅《聊斋志异》，深以为憾，想借阅书稿再斟酌参详一番。

可事不凑巧，书稿被朋友王梅屋借走了。正犹豫如何回信时，王士禛第二封信接踵而至，依旧是求阅书稿，急切之情溢于言表。蒲松龄无奈，只好先回书一封解释缘由。下笔之际，反复思量：渔洋先生降尊纡贵与我结交，是我的荣幸，应坦诚相告，免得先生误会。中元节一过，蒲松龄便索回了书稿，第一时间给王士禛寄去。或许对别人来说，这点爱好不算什么，但在蒲松龄看来，这可是自己呕心沥血的作品，容不得随意亵渎。

王士禛这两年因父亲去世，丁忧在家，在写一本叫《池北偶谈》的书，如今写到要紧处，想起蒲松龄的《聊斋志异》，便想参详一番。如今得见全书，喜不自胜，夜以继日地读了下去。看到会心处，不由得挥笔写下赞美之语。

蒲松龄满怀期待地等着王士禛的评点。数日后，终于收到了王士禛归还的书稿，其中夹着数十张纸条。

蒲松龄细细看去，只见大都是赞赏他小说人物写得精彩、文笔好，王士禛甚至还表示，要把一些篇章收进他的书里。此等荣耀，令蒲松龄激动不已。翻到最后，见题了一首诗：

姑妄言之妄听之，豆棚瓜架雨如丝。

料应厌作人间语，爱听秋坟鬼唱诗。

蒲松龄品咂再三，脑海中浮现了这么一幅画

面——一群被雨天阻隔在豆棚下的农民，掏出烟袋，吧嗒吧嗒地抽着。他起身道："诸位既然有此闲暇，不如听我讲个鬼故事吧！我随便讲讲，你们胡乱听听就是了，哈哈哈！"接下来伴着雨声，他讲得滔滔不绝，听的人意犹未尽……

渔洋先生不过寥寥数语，便令人身临其境，更让蒲松龄感同身受——"爱听秋坟鬼唱诗"一句化用唐人李贺诗句，"姑妄言之"借用苏东坡贬官黄州时之语，整首诗似乎都在委婉地说：蒲松龄就像李贺、苏东坡一样，满腹才华却命途多舛。写小说，不过是借此抒发一腔忧愤啊。

"渔洋先生，真乃知我者也！"蒲松龄感慨不已，于是回复了一首诗：

> 志异书成共笑之，布袍萧索鬓如丝。
> 十年颇得黄州意，冷雨寒灯夜话时。

此诗将自己痴迷于志怪、蹉跎半生的心境表露无遗。蒲松龄想到自己在无数个夜晚奋笔疾书的情形，不禁浊泪翻涌。他知道自己人微言轻，对渔洋先生来说，不过是萍水相逢，但就是渔洋先生的这份肯定，让蒲松龄终生珍视。

他小心翼翼地将批语抄录在书稿上，反复端详。平日里遇到心事不畅，便取出斟酌一番，聊以慰藉。能获得诗坛泰斗的称赏，可不是一件小事，久而久之，就在淄川文人圈子里传开了，引得更多文人名士慕名前来结交。

康熙四十年（1701），也就是蒲松龄与王士禛初次见面十四年后，六十八岁高龄的王士禛再次写信给蒲松龄，表示依然牵念着《聊斋志异》，想让蒲松龄抄录一些篇章给他看。世事如风，此时的蒲松龄也年过花甲，乡试参加了十多次，却依旧功名蹭蹬。不过，一收到渔洋先生来信，还是唤起了久违的欣喜之情。

君子之交淡如水，却坚若金。又过了十年，王士禛以七十八岁高龄离世。消息传来，蒲松龄悲痛不已，写道：

讣乍闻时惊欲绝，怀无倾处恨难消！

此时的他已年过七旬，垂垂老矣，毕生追逐的科名，也终于放下了。但是，与渔洋先生交往的点点滴滴，还历历在目。蒲松龄深知，那些曾令他无限憧憬并为之拼搏奋进的理想，早已湮没在时光的尘埃里，再也回不来了。

违式之痛

越幅被黜

康熙二十六年（1687）秋，蒲松龄收拾行囊，再次踏上乡试的征途。想起二十多年前初试秋闱的情景，年近五旬的蒲松龄忽然有种今夕何夕之感。

这次赴试，他心情大好。上半年，有幸与当朝名家王渔洋结交，接着又被淄川县令张嵋奉为上宾。蹉跎了二十多年，一度萎靡不振的他，一下子重拾信心。

贡院设在济南府治下的历城。对于蒲松龄来说，这里的一切都是那么的熟悉。仿佛老友重逢一般，他轻车熟路地在鳞次栉比的号舍间找到了自己的位置。

头场考试须作八股文。考官公布题目后，蒲松龄稍作思考，便磨墨润豪，运笔如飞。

考生卷子是经折装。对折的两个页面，合称一幅。考生将卷子自左向右一幅幅展开，自右向左书写。

蒲松龄进入状态很快，一时间文思喷涌，下笔不能自休。不一会儿，便写了数幅之多。或许是觉得自己发挥不错，他神情得意地往回翻看。

突然，他神情大变，面如死灰，豆大的汗珠从额头沁出。

卷子出错了！而且很严重！

原来，他在答卷的时候，不小心跳过了一幅。参加过多次乡试的蒲松龄深知这意味着什么，这在科场条例中叫作"越幅"，属于犯规行为，要被罚出考场的。

果然，监考官很快就发现了他的违规行为，勒令他退出考场。

蒲松龄突然遭此打击，犹如五雷轰顶，神情狼狈地离开了考场。紧接着，贡院张榜公示，将蒲松

蒲松龄觉得自己发挥不错，他神情得意地往回翻看。突
然，蒲松龄神情大变，面如死灰。

龄从乡试名单中除名，不准再参加这一科考试。

回毕家的途中，蒲松龄感到仿佛所有人都在嘲笑自己，他恨不得找个地缝钻进去。从志得意满到一蹶不振，只过了短短一天。他越想越懊恼，越想越沮丧，不禁悲愤交加，老泪纵横。

毕际有三弟毕际孚的小儿子名叫毕八，一向与蒲松龄交好，听说他考试中意外违例，特意备了酒席来劝慰。

对饮了几盅后，蒲松龄还是怔怔地坐着，也不怎么答话。毕八见状，又斟满了酒，说道：

"留仙兄，你的事我听说了。兄的人品学识，淄川县无人不知，想来命里有此一劫，而非留仙兄才学不济。还望不要过于自责。"

蒲松龄举杯一仰而尽，呆坐半晌，缓缓回道：

"多谢毕八兄劝慰。想我蒲松龄年少成名，如今参加了五六回乡试，却一无所获！更难以接受的是，本来以为此次势在必得，没想到大意失了荆州，还有何脸面再见家乡父老？难道是我前世造了什么孽吗？"

说完他又连饮了几盅。毕八见状，一边宽慰他说这都是命运弄人，一边忍不住为之掉泪。

就这样，两人推杯换盏，不觉已是日暮。蒲松龄情绪终于有所好转，向毕八拱手道：

"毕八兄盛情，蒲某感激不尽。如今也只能痛定思痛，来日再战了。"

"柳泉兄能如此想，再好不过。以兄之才，何愁不能高中！"毕八终于松了一口气。

毕八走后，蒲松龄借着酒意，将连日来的愤懑积郁，挥笔写了一首词：

得意疾书，回头大错，此况何如！觉千瓢冷汗沾衣，一缕魂飞出舍，痛痒全无。痴坐经时总是梦，念当局从来不肯输。

愤极成谑

寒来暑往，转眼间，又一个三年过去了。

康熙二十九年（1690），年逾五旬的蒲松龄再次收拾行囊，风尘仆仆地走入乡试考场。

虽然对这里熟得不能再熟了，但蒲松龄还是默默默排在考生队伍里，匆匆进出号舍。前几年，他还时不时会遇到旧日好友，彼此互诉衷肠一番。可到后来，旧友们或是中举宦游，或不再应举，熟悉的面孔越来越少，而陌生的年轻人越来越多了。置身其中，看着自己花白的发须和略显佝偻的身形，越来越有种深深的自卑感。

头一科考八股文，有了上次的教训，蒲松龄格外谨慎，总算没出什么意外。

或许是神经绷得太紧，又或许是命运有意捉弄人。第二场考试时，蒲松龄居然又违规了，再次被逐出了考场！不过这次，蒲松龄仿佛被打击得麻木了，没有像上次那么痛心疾首，反而写了一首词自嘲：

风檐寒灯，谯楼短更。呻吟直到天明，伴偏强老兵。萧条无成，熬场半生。回头自笑濛腾，将孩儿倒绷。

恰巧毕八来访，见蒲松龄并没有那么悲伤，也有些诧异。不过看到他所写的词，就明白了。

只是不甚理解末句这"孩儿倒绷",便问蒲松龄何义。

"这是老夫从古人那儿偷来的故事,聊以自嘲而已,让毕兄见笑了。"蒲松龄苦笑道。见毕八仍不解,就解释道:"宋代有个叫苗振的读书人,文章写得极好,后来高中会试第四名,进士及第,获得了应试崇文馆官职的资格。考前他去拜访宰相晏殊,晏殊劝他温习功课,不料他却说:'您多虑了!哪有做了三十年的稳婆,却把初生的娃儿裹倒了的?'不料他果真粗心大意了,考卷里把'普天之下,莫非王土'写成了'普天之下莫非王',犯了违式大忌,白白失去了中选的机会。"

蒲松龄一脸沮丧地叹道:"如今我这糊涂做法儿,可不就是步了苗振的后尘,'倒绷了孩儿'吗!试问天下能有几个这样发昏的人?我这老脸都丢尽了。"

"富贵有命,成败在天。留仙兄不要妄自菲薄,还是要重新振作才是。"毕八宽慰道。

秋天万物橙黄,五谷丰登,可在蒲松龄眼里,一切都了无生色。

这日，同样在乡试中败归的友人张永跻来邀，要到友人孙蕴玉家一叙。张永跻是好友张笃庆的胞弟，表字式九，孙蕴玉也是平日相交文友。蒲松龄正愁一腔愤懑无处排遣，便赴酒局去了。

同是科场沦落人，聊起来分外投机。张永跻小蒲松龄十多岁，但似乎情绪更激愤。刚入座，便连饮五六盅，脸上通红，青筋暴起。张永跻拉着蒲松龄说道："留仙贤兄，今日你我不醉不归！"

张永跻愤慨道："此次秋闱中式名单里，有几人我是认识的，他们并没什么真才实学，居然考中了！而你我才名广著，却名落孙山，可叹！可叹！"

蒲松龄深有同感，叹息道："式九兄，古语有云：世有千里马，终需一伯乐。如今督学选材的考官，也多为庸常之辈，偏偏把那些庸才当作良材选了去，我等又能如何呢？世风日下，世风日下了！"

二人把酒消愁，又过数巡。张永跻诗兴大发，当即草就几首诗，字句之间，皆是感慨时运不济、人生蹉跎之意。蒲松龄读后感同身受，也情不自禁地和了几首，大抒胸中郁积之气。二人你来我往，好不畅快。三人一直喝到日薄西山方才结束。

蒲松龄回到毕家时，天色已晚，不过酒意尚在，胸中仍有块垒未消。于是点上油灯，从书架上拿出《聊斋志异》，一篇篇地翻看着。自入毕家坐馆以来，他就决心不再写作，专心科考。可此时，他却无比想重操旧业。踌躇半晌，终于还是抽出了一页空纸，写下了一个题目：《司文郎》。

知天认命

年关将至，蒲松龄收拾行囊，回家准备过年。

自二十多岁开始，蒲松龄就在外游学谋生了。三十年间，四男一女相继长大成人，长孙蒲立德也有八岁了。当年刚分家时偏远空旷的地方，如今已盖满了房屋。孙子见他回来，兴奋地迎出去，攀在他身上不肯下来。

妻子刘氏正在灶间洗菜烧火，见他回家，赶忙解下围裙，奉上茶来。蒲松龄稍歇了会儿，便喊来老二蒲篪、老三蒲笏和老四蒲筠，问了问最近的课业，不免严词督促了几句。刘氏见状，劝道：

"老爷才刚回来，还是歇一歇罢，却又操这些心做什么？"

蒲松龄只好让他们各自温习去了，然后一个人呆坐着。孙儿蒲立德缠着他玩闹嬉笑，他也只是淡淡地应着。

刘氏知道丈夫刚刚经历了乡试挫折，心情不佳，也不知道如何宽慰他。蒲松龄本来心情就不好，又看到孩子们学习不够刻苦，更觉心急愁闷。两年前老大蒲箬入了县学，不久又被选为廪生，享受官家膳食补给，着实令蒲松龄高兴了一阵。可眼看儿子就要和自己同场竞技了，自己却连续犯了低级错误，没有做好榜样。

睡觉前，刘氏终于看不下去蒲松龄情绪低落的模样，劝道："老爷，依我看，以后就不要再去参加科试了。如今你五十多岁，孩子们也都要成家生子了，你难道还要和他们一同去考吗？如果你命里注定要富贵显达，那就早该登台入阁了，为何现在还是个秀才呢？不如看开些，何苦和自己较劲呢。"

蒲松龄没想到平日里沉默寡言的妻子居然能说出这番道理来，一时无言以对。就连妻子都对自己失去了信心，他的心情更加灰暗。但此时让他放弃一生追求的梦想，更难以接受。于是回道：

"若此时放弃，一切可就付之东流了。事已至此，容我再试一试吧。"

刘氏见他如此执着，也不再说什么了。

此后的十年间，蒲松龄仍然时不时地奔波于科场，只是结果并没有改变。

康熙三十五年（1696），蒲松龄带着毕家子弟去济南参加乡试，没有考中。

康熙三十九年（1700），皇太后六十寿诞，举国同庆，朝廷下诏开设恩科。蒲松龄听到后有点兴奋，觉得这可能会给自己带来好运气，于是再次披挂上阵。可能因为年纪太大，感觉不好意思，和友人们相聚时还写了几首诗聊以自嘲。可是，就算是恩科也没给他好运，依然铩羽而归。

两年后，蒲松龄做了人生最后一次尝试，参加了康熙四十一年（1702）的乡试，结果仍然是不中。此时的他两鬓斑白，早已褪去了壮年时的豪情激愤，平静地接受了现实。

从现在起，他终于可以心无旁骛写他的《聊斋志异》了。

知我者谁

县公礼遇

康熙十一年（1672）告别孙蕙回乡后，蒲松龄很快就成了淄川县的名人。

原来，本县的两位缙绅赏识他，一位是因病居家的刑部侍郎高珩，一位是被罢免的翰林院检讨唐梦赉。蒲松龄先是应两位名流邀请一起游崂山，后来又陪唐梦赉登泰山，每日谈文论艺，唱和赠答，令高、唐二位刮目相看。

闲谈中，蒲松龄讲了许多鬼狐故事作为谈助，不想引起了两位名士的极大兴趣。听说蒲松龄写了一部《聊斋志异》，他们迫切想要借来一观。看完后意犹未尽，还给蒲松龄分享了不少素材，并帮他写序推介。

淄川人见蒲松龄得到名流赏识，又听说《聊斋志异》引得一众读书人追慕抄阅，都开始对他另眼相待。声名所至，连县里的官员也想与他结交。

康熙十八年（1679），蒲松龄刚到毕家不久，便有县衙里的人来拜见。原来，新任淄川县令汪如龙仰慕蒲松龄的才名，想邀请他到县署中一叙。还表示久闻《聊斋志异》大名，希望能拜读。蒲松龄感到十分荣幸和激动。他还从未受到过县官大人的礼遇，哪怕是当初成为头名秀才的时候。但静下心来一想，自己平生奉行秀才不入公门的准则，何况与这位汪县令素不相识。于是谢过来人，回赠了《聊斋志异》部分篇章，诚恳地写了一封长信，说自己耿介疏狂，一点微名承受不起官家厚爱，就委婉推辞了。

无独有偶。

康熙二十五年（1686）的一天，蒲松龄正在毕府课徒，忽有人来报，说又有县署衙差来访。原来是新任知县张嵋送来请帖，邀他到县署叙谈。对于这次盛情邀请，蒲松龄有些动心。这位张县令精明强干，勤政爱民，甫到任便兴利除弊，整肃风气，淄川面貌为之一新。更难得的是他还雅好文学，对待读书人很是礼遇，初到淄川就查访本县名士，向蒲松龄抛出了橄榄枝。

但蒲松龄考虑再三，还是婉言推辞了。

几天后蒲松龄回家小住，正在书斋读书时，听得门外车马声起，出门一看，吓了一跳。原来是张嵋县令亲自登门造访了！蒲松龄赶紧上前施礼道："不知张大人光临寒舍，松龄未能远迎，失礼失礼！"

"久闻聊斋居士大名，今日有幸拜会，张某愿足矣。留仙兄不必拘礼。"

"蒲某愧不敢当！县公大人莅临，陋室蓬荜生辉！快请！"

寒暄毕，二人在"聊斋"中坐定，吃茶叙话。张嵋虽为一方父母官，却没什么官家习气，反而与蒲松龄谈论起文学来。果然，又谈到了《聊斋志异》。张嵋谦逊道："张某虽是初临宝地，却早就听闻留仙兄乃文章圣手，大作《聊斋志异》曾令高葱佩、唐济武二位先生爱不释手，不知可否让张某寓目一二？"

"既然县公大人厚爱，蒲某岂有不奉之理？只不过是些小说家言，博君一笑而已。"

蒲松龄答应抄录一些篇章，送至张嵋府上。

二人又谈论了些诗词文赋，制艺举业，颇为投机，不觉时间已过去多时。张嵋县署还有公务，于是起身告别了。

看着张嵋一行离去，蒲松龄思绪万千。有如此好官，实在是淄川百姓之福，文人之福。

之后的日子里，张嵋时常请蒲松龄赏鉴评点自己的诗词。蒲松龄也回赠诗篇，感谢张嵋的知遇之恩，还称赞他爱贤惜才，堪为表率。张嵋知道蒲松龄一直困于乡试，便尽可能为他举荐游说，甚至在蒲松龄的大儿子蒲箬进学时也予以关照。蒲松龄没有想到，张嵋能够不顾自己身份地位，虚心向他这么一位穷秀才请教，因此对他格外尊敬，视为知交。

由于政绩卓著，深受士绅爱戴，康熙二十八年

（1689），张嵋履职仅三年便擢升为甘肃巩昌府同知，据说很快就将赴任。消息传开，淄川人民哗然，纷纷请求张嵋留任。百姓甚至集结起来，准备在康熙皇帝南巡路过山东时拦路请愿。

而蒲松龄听到这个消息后，一连写下了十几首诗，表达惜别之情。他既为张嵋升迁而高兴，也为知交离去而伤悲。张嵋离开那天，他亲自相送。张嵋的车马早已远去，消失在大道尽头，蒲松龄依然伫立在原地，任由风拂着面颊，撩起那渐已发白的发须。

谏言孙蕙

康熙十四年（1675），也就是蒲松龄告别孙蕙后的第四年，孙蕙因为政绩卓异，终于被召回京城，做了给事中。没过几年，又升任户科掌印给事中。仕途一路高歌。

俗话说：穷且益坚，富而改志。孙蕙从当初那个耿直抗上的循吏，慢慢变了。早在宝应做县令的时候，他就喜好声色，即便是辖区遭受水旱之时，依然大摆寿宴。做了京官以后，越发放纵了。

这时候，蒲松龄刚刚到毕家坐馆。因为与孙蕙有过交情，所以很关心孙蕙的情况。结果听人说，孙蕙升官之后在家乡大兴土木，把原来的宅第大加扩建。这还不满足，又在府第边上开凿池塘，疏浚通水；建造假山沟壑，豢养禽鹤；建造园林，搭建亭台，起名叫"万竹芙蓉斋"。俨然是要给自己建造一个纵情享乐的世界。

一人得道，鸡犬升天。孙家的族人、亲朋，包括管事和仆人，都变得倨傲霸道，仗势欺人。淄川县里发生民事纠纷，若与孙家有关，通常都敢怒不敢言。事实上，孙家在淄川县已成为一害。

孙蕙刚离开时，蒲松龄常常给他写信问候近况。孙蕙长年不在家，蒲松龄还有时到孙家探望。每次孙蕙回乡，蒲松龄都兴奋地赋诗相赠。可随着与孙蕙地位的差距越来越大，两人渐渐疏远了。蒲松龄知道两人已非同路，就很知趣地不再去打扰了。

但是看着孙家人为祸乡里，越来越猖狂无忌，蒲松龄对孙蕙的不满也与日俱增，他思忖着找个时机当面向孙蕙谏言。但一直没有见面的机会。

后来，蒲松龄直接给孙蕙写了一封信，准确地说，是一封谏言信——《上孙给谏书》。信很长，足足有一千多字。慷慨陈词，义愤激烈。蒲松龄在信中说道："这么多年来我始终落魄，辜负了您的期望，我自己都觉得羞愧，再无颜面登门了。当年我们何等交好，这么多年过去，如今您自然看不上我这等人了。"

接下来笔锋一转，写道："然而作为乡绅，做官的时候赫赫有名，固然可喜，但是回到家乡还要大显威名，就很可怕了！"

"我早就想把耳闻目睹的事情告诉您，又怕您不肯听，犹犹豫豫，和您做谏臣时苦思进言之策，没什么不同。您既然是诤臣，想必能听得进去诤友的话。我一介布衣，不懂为官之道，但您还乡时要注意的几件事，我还是能说一说的。"

紧接着罗列了几件事，比如交朋友要有选择，别人的话要明辨是非。接下来是最重要的谏言——建议慎重选用仆役，不要纵用那些嚣张跋扈的人；还要约束自己的族人，不能仗着家中有人身居高位而作威作福。

写着写着，蒲松龄越来越生气，说得也更直接了："我说的这些事，都实有其事。您如果不信，可以微服私访，如果有一人听到孙家不咬牙切齿、害怕恐惧，就来治我的罪吧！"

信写完后，蒲松龄当即寄出，心中一口恶气总算倾吐出去了。他认为自己这么做无愧于心，静等着孙蕙的回信。

且说孙蕙收到故友来信，见满是指责之词，大为恼怒。但鉴于蒲松龄所言事实俱在，无法辩白，只能作罢。为了颜面和名声，他把族人、家仆召集起来，进行了严厉训诫，此后他们确实也有所收敛了。

孙蕙始终没有给蒲松龄回信。或许在他看来，自己犯下的疏误可以改正，但当面指责自己的人却无法原谅。

几年后，孙蕙因病在家中去世，享年五十五岁。听到消息的蒲松龄并没有前往吊唁。在他的心里，与孙蕙之间的友谊早就不复存在了。

知交零落

康熙二十四年（1685）刚入春，蒲松龄突然双脚不适，疼痛难忍，紧接着淤血肿胀，连穿鞋都困难了。只好宅在绰然堂里，勉力应付着课徒，时间一长，似乎与世隔绝了。雪上加霜的是，几年前母亲去世办丧事时从好友王观正那里借的银钱，至今还没还上，因此心里十分焦虑。

两三个月过去了，天气转热，蒲松龄足疾还不见好。一日在床上歇息，忽听说毕家来了一位名士，还是毕老爷亲自迎来的，现就住在石隐园里。蒲松龄心中纳闷：每次毕家来贵客，都会让他作陪，为何这次未曾对他提起呢？

原来，毕际有正忙着刊刻父亲毕自严的《石隐园集》，见蒲松龄身体有恙，不忍让他劳累，便将朋友袁藩请来了。

说起袁藩，蒲松龄也认识。他的家在萌水乡，与淄川毗邻，而且早年同为县学中人，还一起参加过乡试。所以一听是故友到来，蒲松龄还有些兴奋。

巧合的是，袁藩也是科举失意之人，虽然二十年前就中了举人，此后却一直未能及第。和他相交的名士，都佩服他的文才，叹惜他的遭际。这让考了二十多年乡试也未能中举的蒲松龄产生了同病相怜之慨，急欲互诉衷肠。只可惜脚痛未愈，绰然堂与石隐园近在咫尺，却不能见面。于是写了几首词，托人送去了。

蒲松龄不知道的是，此时的袁藩已抱病在身。看到蒲松龄不顾病痛对自己表示关切和鼓励，令袁藩很受感动。于是也次韵回赠了两首词。

袁藩在回赠之词中说自己如今病痛缠身，此生注定大志难酬，纵然石隐园再好，也难以释怀。蒲松龄看他情绪低落，赶紧写词回赠，劝他不要太悲观。

于是两人一赠一答，开始频繁交往。

七月十五日中元节后，蒲松龄脚病有所好转，能勉强走动几步。终于可以与袁藩把酒叙话，互道心语了。可是，袁藩的病情却越来越严重了。

快到中秋节的时候，蒲松龄收到袁藩口信，说准备回家住一段时间。此时蒲松龄仍未痊愈，无法为好友送行，只能写词赠别。从春天到现在，蒲松龄已经卧床四月有余。在词中，他和袁藩分享了"治病奇方"，那就是量力而行，不要逞少年之勇累坏了身体。

中秋节前一天，突然下起了雨，蒲松龄以为袁藩不能回家了，问了毕家人才知道，袁藩思家心切，已经冒雨回家了。

蒲松龄哪里知道，袁藩并没有回家，而是病情骤然加重，走不了了。毕家人知道这段时间蒲松龄与袁藩性情相投，交情甚笃，怕蒲松龄过于担忧，便骗他说已经走了。

可怜蒲松龄还在中秋之夜写词怀念好友，想着他已经到家与妻儿团聚了呢。

中秋节之后没几天，袁藩病入膏肓，毕际有急忙派人把袁藩送回了家。仅仅过了十多天，袁藩就与世长辞了。

蒲松龄还被蒙在鼓里，九月初的时候仍在给袁藩写诗，期待再次会面，而此时袁藩已经离世好几天了。

当毕家将袁藩去世的消息告诉蒲松龄时，他忍着悲痛，写下了《念奴娇·挽袁宣四》来寄托哀思。好不容易遇到一位志同道合的朋友，没想到这么快就先他而去，只留下无穷无尽的思念和怅惘。

敝帚自珍

康熙三十二年（1693）春，淄川县令周统差人到毕府拜会蒲松龄。

蒲松龄看了拜帖才知道：原来是山东的按察使喻成龙大人想请他去府上做幕宾，于是委托县令来请他。

蒲松龄着实为难了。他自从江苏宝应作幕宾归来，便暗暗立志：以后还是以科名举业为念，决计不再做幕宾了。更何况与这位按察使喻成龙大人素不相识，于是婉言谢绝。

可来人也犯了难，欲言又止，支支吾吾半天才离去。

果然，没过几天，东家毕际有、毕盛钜父子便来找他了。

毕际有七十一岁了，入春以来身体一直不太

好，毕府有事，通常让人代为通传。此时亲自到访，蒲松龄便猜到了几分。

"留仙兄，"毕际有道，"想必你也猜到了我的来意，那我就开门见山了。前日周县令已将此事告知于我，我深知留仙兄心存大志，不愿再去游幕。而他受按察使大人委托，也是情非得已，因此托我来劝你。"

"毕兄可是认识这位按察使大人？"蒲松龄问。

"算是故交吧。家里几个不成器的孙儿去参加科试，曾经蒙他关照过。依我看，这位按察使是个爱才之人，既然降尊相请，想必也会善待你。"一旁的盛钜也点头附和。

"兄所言有理。弟只是担心，臬台大人府上定然显宦云集，少不了要送往逢迎，而弟天性耿直，疏于交际，恐怕难以适应。"蒲松龄说道。

"这倒也是。不过依兄之学识才情，又何必忧虑？更何况，这位喻大人与士禛贤侄交情不浅。"

"哦？"蒲松龄听到渔洋先生眼前一亮，"不知是何交情？"

"留仙兄有所不知，这喻大人乃是士禛贤侄的入室弟子。我想他此番相邀，必是从士禛贤侄听说了你。"

"原来如此！"

蒲松龄有些动摇了。他想，自己不过是一介秀才，能得到臬台大人的赏识和邀请，也算是一种荣幸了。

"留仙也不必介怀，权且去试一试，若受不了那衙门生活的拘束，再回来不迟。"毕际有又劝了几句。

老东家话已经说到这个份儿上，蒲松龄也不好再推辞，同意先去喻成龙府上看看。

听闻蒲松龄同意了，周县令迫不及待派人把蒲松龄送到济南的按察使官署去了。

喻成龙虽然贵为按察使，对蒲松龄却很客气。他怕蒲松龄初来乍到太拘谨，便主动找他聊天。见喻大人如此亲近，蒲松龄颇感意外，渐渐熟络了起来。不过，还是隐隐觉得不放心。

喻成龙也是个喜爱风雅的官员，闲暇时常常与蒲松龄切磋交流诗文技艺。见蒲松龄对答从容，文采一流，喻成龙连连称赞。兴奋之下，命人将自己珍藏的一幅名为《梅花书屋图》的画取来，请蒲松龄题诗。

蒲松龄见画上已有不少时贤所题诗句，又听喻大人说此画是一位名家为他所画，顿时很为难。若直接题写其上，万一喻大人不喜欢，岂不难堪？自己初到此处，去留未定，万事须得小心，便将诗先拿给喻大人过目，待他首肯后，再谨慎落笔。

显宦府第终究不适合蒲松龄这样的人。蒲松龄慢慢发现，到喻府做幕客的还有其他人，那些人左右逢源，曲从阿谀，令蒲松龄很是看不惯。

而让蒲松龄下定决心离开的，另有其事。

蒲松龄刚到官署时，喻成龙说想拜读《聊斋志异》。蒲松龄就将一些书稿给了喻成龙。没想到他读完后十分喜欢，每次聊天必谈《聊斋》。蒲松龄隐隐觉得，喻成龙有别的心思。

果不其然。一次闲谈到古今志怪之书时，蒲松龄说此类书虽然古今文人喜闻乐见，但作者却以写此等书为羞，故不肯以真名示人，致使作者常常佚名，令人惋惜。紧接着提到《聊斋志异》时叹息说，不知后人如何看待自己。

喻成龙这时接过话头，试探性地问："在下有件事早就想与留仙兄商谈，正不知如何开口。适才听留仙兄此言，如若在下以千金之价求购先生之书，不知意下如何？"

蒲松龄无论如何也想不到喻成龙会这么问，心中一惊。他刚才随口一说，不过是自嘲，并非妄自菲薄。相反，他穷尽半生一事无成，只有这部《聊斋》颇可自慰，岂有转让他人之理？于是回道：

"喻大人抬爱，蒲某心生惭愧。只是蒲某蹉跎一生，无所作为，只有这本书乃心血铸成，略可告慰。虽不是什么皇皇巨著，却也敝帚自珍。大人见爱，拿去读便是，只是购书一事，蒲某愧不能从命。还请大人见谅！"

见蒲松龄这么说，喻成龙也感觉自己言语有失，从此不再提起此事了。

拒绝喻成龙后，蒲松龄内心惴惴不安。加上在喻成龙衙署"水土不服"，思来想去，还是决定告辞回家。喻成龙以为是蒲松龄因为购书的事心存芥蒂，急忙解释。当了解到真正原因后，他也没有勉强，还是派人把蒲松龄送回了淄川县。蒲松龄见喻成龙如此慷慨厚道，反添了几分敬意，虽然没有宾主缘分，但却蒙受了恩惠，也是一生之幸了。

蒲松龄回家没多久，忽然传来了毕际有去世的噩耗。他急忙赶至毕家，见斯人已去，一种莫名的孤独失落感突然袭来。就在不久前，毕际有还在劝他到喻成龙幕府作幕，而今已阴阳两隔。十四年相处的情景涌入脑海，蒲松龄悲痛得难以自已。

"先生留下吧！毕家需要您。父亲虽然走了，但他一定希望您能继续留在这里。请先生三思！"毕盛钜恳求道。

看着满脸泪容的毕盛钜，蒲松龄缓缓地点了点头。

他本来要离开，但他不能离开，如今他也不想离开了。

哀民多艰

旱涝继起

康熙四十二年（1703）四月间，此时正是庄稼生长的关键时候，淄川一带却连日降雨，不见晴日。庄稼整日泡在水里，一天天地萎靡下去。

自去年绝意仕进后，蒲松龄又回到毕家设帐收徒了。最近天气潮湿，就连宣纸都发软变皱了。蒲松龄沉浸在《聊斋志异》的世界里，每每在文思泉涌时，却被宣纸的滞涩打断。

于是索性搁笔，走出户外。

毕家田产不少，按理说现在是农忙时节，却不见人们往地里走。路上迎面撞见毕家老仆，便问怎么回事。

老仆道："先生您不知道，遭灾了！天上下起红雨了！咱们的麦子都得了锈病，怪得很！"

蒲松龄一听，快步向西埔村边的麦田走去。到田边一望，心下一惊。原来麦子泡在水田里太久，果真生了锈斑病，茎叶上斑斑点点，看着令人心惊。蒲松龄知道，今年铁定要歉收了。

接下来的几天，蒲松龄在授课之余经常走到田间，了解灾情。回到住处，他就把这些记录下来，或是写诗，或是记日记。

灾情愈演愈烈。一个多月后，风雨来袭，原本以为三两天就会放晴，没想到变成了连阴雨，一直下了二十多天。听毕家人说，山东大部分地区都遭遇了洪灾，蒲松龄心急如焚。这一日雨量稍减，蒲松龄忍不住撑着油伞到田间察看。

只见齐腿高的杂草混在麦田里，难以分辨。淄川一带属于丘陵地形，连日降雨导致积水严重。蒲松龄想试探下田土硬度，没想到一脚踩下去，陷到深泥里，水都冒出来了。蒲松龄心情越发沉重。

六月中旬，天终于放晴了。可谁成想，此后却再不下雨。酷暑烈日，庄稼焦枯，旱灾又接踵而至。蒲松龄走在田埂上，发现虫子越来越多，走近一看，原来是蜚蠊！蒲松龄小时候就听老辈说过，这虫子看起来不显眼，但闻起来奇臭无比，一群群聚集在禾穗上，不消多久就把庄稼糟蹋得差不多了。更可恨的是，蜚蠊没有什么天敌，牛马不吃它，冬天冻不死它，赶也赶不走，打又打不死，而且繁殖特别快，实在是令人头疼！

眼看到了七月初七，禾苗籽儿要上穗儿了，却依旧不见下雨。这个时候，蒲松龄收到了家里的来信。妻子说，因为持续的洪涝和旱灾，麦子严重歉收，稻禾和豆苗多半空秕或枯死，家里三十多口人要吃饭，可是市集上的粮食卖得比珍珠还贵。

蒲松龄看完后忧心忡忡，难以入睡。他所忧心的，除了三十多口人要吃饭外，还有他那不省心的四弟蒲鹤龄。鹤龄自小好吃懒做，如今年近花甲，依旧一事无成，时不时要靠蒲松龄接济度日。想到这里他再难成眠，于是翻身下床，写诗

抒怀:

> 赤夏三旬无滴雨,禾穗半秕豆茎枯。
>
> 今方秋成谷腾贵,市上斗米如斗珠。
>
> 吾家妇子三十口,丰岁不免瓶罍虞。
>
> 况有累弟老无力,四壁圮尽半垄无……

到了秋天,农民每亩地只收获了两斗的粮食,还不到往年收成的十分之一。即便是毕府这样的富家大户,也开始节衣缩食了。

转眼间,又到了种植冬麦的时候,还是没有下雨,农民只好把播种期往后延迟。蒲松龄知道,如果田垄沟土不潮湿,是没法犁耕下种的。一来土太硬,犁铧插不下去;二来土干地热,种子易被烤死。

不过中秋节这天,老天爷终于撒了几点雨水,燥热的天气微微转凉。蒲松龄见农田里已有人在耕种,心下纳闷:这点雨水只是湿了地皮,对久旱的田地来说不过是杯水车薪,怎么能耕种呢?于是上前察看。

只见一对父子正在费力地耕地,母亲和儿媳跟在后面撒种子。父亲前面牵着牛，儿子后面把着犁，努力把犁铧向下压，希望能耕得深一些，结果土层实在是太硬了，只翻起了表面一层土，勉强把种子掩埋住。耕了半天，成效甚微。然后一家人蹲坐在田边休息。

"田家，这地能犁得动吗？"蒲松龄问。

"犁不动也得犁啊，这天老不下雨，我们老庄户心里急啊。好不容易下了点雨，得赶紧抢种，要不然就晚了！"父亲回道。

"可这要耕到什么时候呢？"

"能耕一点是一点吧。"

蒲松龄的担忧是对的，第二天这户人家就不再干了，地太干，实在耕不动。紧接着又是几天酷晒，先前播下的麦种也长不出来了。

好在十多天后，又下了一场稍大一点的雨，趁着垄沟还是湿的，农民们赶紧到田地里抢种。尽管仍然难以深耕，但不敢再拖了。

蒲松龄每天都到田边转转，看到种下的两茬冬麦虽然萌芽了，但是细瘦干黄，良莠不齐，可以推测，来年也很难丰收。

民生多艰

春麦歉收，夏秋大旱，淄川一带很快陷入了饥荒。在蒲松龄的奔波下，蒲家储备了不少糠秕，搭配着粮食吃，一家人总算免于饥饿。

转眼到了腊月年关，可是淄川一点年味儿也没有。蒲家庄里，就连做饭的炊烟都少了很多，原因很简单——家家户户都缺粮食了。

刘氏赶集回来，一脸的失望。蒲松龄见状，问她怎么了。

"好家伙，粮食贵得吓煞人。麦子和高粱，一斗要七百钱，菽豆和小米一斗五百钱。你说，这谁买得起？"

"这灾荒年，粮食自然买不起了。可是麦糠谷秕呢？咱们农家，也不是受不得那吃糠咽菜的罪。"蒲松龄说道。

"别提了！听说县里买糠秕的粮市，到晚上也卖个精光。"刘氏这么一说，倒让蒲松龄想起来，前些日子从毕家回来路过一些麦场时，看到好些农民拿着扫帚清扫散落的糠屑，原来，如今连糠都是宝贝了。这时候，谁家里要是有一千石小米，堪比万户侯了！

没想到，这年冬天没有下雪，第二年春天也没有一场大雨，接着夏粮又歉收了。去年秋冬，农民还能找到些麸糠度日，今年却什么都不剩了。饥民越来越多。

由于忧心牵念家人，蒲松龄从毕家回到蒲家庄。此时已是初夏，但沿途的杨树、柳树、榆树和槐树都光秃秃的，连树皮都被百姓剥着吃掉了。放眼望去，几乎看不见青草绿色。乡间道上时不时见到流离失所的百姓，他们挑着行李，一路走一路乞讨；还有背着娃儿的妇女，拄着竹棍艰难前行，晚上就睡在破庙里或者河桥下。

自记事以来，蒲松龄还没经历过如此惨烈的灾荒。以前开春时，农民会采些榆钱、槐花来吃。但在灾荒年里，他们就把榆树剥皮采回去后晒干，用石碾子磨碎，做成榆皮面吃。前几天和毕家主人毕盛钜闲叙，才知道毕家粮食也紧张了，家里本来想少雇几个人，却又怕他们无处谋生，只得勉力支撑着。

放眼望去，几乎看不见青草绿色。乡间道上时不时见到流离失所的百姓。

后来又听说，本县有一座村子，原本住着二十来户人家，只剩下四户，其他都出去逃荒了。还有些人，铤而走险做了盗贼，专干些打家劫舍、拦路抢钱的营生，有时候白天都敢入室劫掠。剩下的几户人家势单力薄，于是也搬走了。

蒲松龄只是一介书生，无力改变现实，只能用笔将这些人间惨剧记录下来。

有一次蒲松龄外出办事，回来的路上经过一处街巷，这里往日富人云集，如今却朱门紧闭。想来是上门乞讨的人太多，主人无力应付了。

正走着，突然看见一个乞丐瘫在一户人家门口，应该是饿极了，声音微弱，似乎在向主人讨要一些糠秕，主人看了一眼就哐当一声把门合上了。蒲松龄心下酸楚，却无能为力，因为他也囊中羞涩，也有一大家子要养活。走出数十步外，就再也忍不住，泪如雨下。

为民请命

盛夏五月，济南到处都是难民。更可怕的是，灾荒已经导致大量饥民饿死，许多人家卖儿鬻女，只为讨得一份口粮。

蒲松龄自从前几天外出归来后，就再没出去过。平时教徒授课，或者代毕盛钜作些应酬贺文，余下时间闭门写小说，也写诗。他不忍心看到饥民的惨状。

就在前几天，他代毕府到同乡缙绅家中拜贺，路上见到有老人僵卧路边，已经咽气多时了，但家人子女还在一旁哭泣呼喊，闻之令人凄恻。还有用藤蔓拖拽着饿死的家人，前去寻觅坑洞填埋的壮年男子。也有孤儿寡母呆坐路旁，脸上有泪痕却再哭不出眼泪的，从头到脚都是草秸干屑，能看出来前一晚是在牛圈马棚里过夜。

蒲松龄跟随着难民经过城郊，见一些人在挖坑，专门用来填埋饿死的难民。很快坑就被填满了，而后有源源不断的死者被运来，于是又接着挖坑，很快竟挖了十余个。

回来的路上，他更是听到一些令人毛骨悚然的事情。居然有人把暴露野外的死尸收回来，凌晨驾着驴车，赶在市集开张之前送到肉铺，以羊肉价格的十分之一售卖。更可怕的是，还有人用死人的脂膏炼油，装在坛子里挑到市集上，敲着鼓板叫卖，价格和粗制的黑芝麻油差不多。这真是惨绝人寰！与这些相比，能埋在井里已经是"厚葬"了。

乱离人不及太平犬！

这一切令蒲松龄产生了巨大的心理阴影，回来后数日茶饭不香，寝眠不安。他在课业授徒之余，把人间惨剧写到诗文里。毕八来访，见蒲松龄有新作诗，便捧起诵读：

何处能求辟谷方？沿门乞食尽逃亡。

可怜翁媪无生计，又卖小男易斗糠！

（《饿人》）

旅食何曾傍肆帘，满城白骨尽荧黔。

市中鼎炙真难问，人较犬羊十倍廉！

（《饭肆》）

读完也心情沮丧，哀叹不已。两人互相劝慰，希望在荒年中保全自身，并尽可能帮助别人。

"留仙兄可曾向县署进言？不知县台的大人们

有何良策？"毕八忽然问。

"呵呵，"蒲松龄冷笑一声，"他们只顾着自己衣食饱暖，何曾将小民的性命放在眼里？灾民走投无路做了盗贼，戕害百姓，他们也是睁一只眼闭一只眼，如今百姓晚上都不敢出门了。我还听闻，他们居然还想隐瞒灾情，把赈灾粮款私补藩库！依我说，实在不必寄希望于他们。实不相瞒，老朽正准备修书一封，亲自赶赴省衙呈上。"

"留仙兄高义！"毕八拱手作揖道。

蒲松龄连夜草就了一篇文章，将一年来目睹之现状如实描绘了出来，甚至把那些令人毛骨悚然的惨状也写了进去。然后恳切地提出了自己的建议，希望省署能规范钱币，放开粮食买卖，同时把官粮借贷给农民以度过荒年。另外建议官府镇压盗贼，保证百姓安全，同时开设粥厂赈灾，以拯救百姓。

然而，蒲松龄不过是一介秀才，进言是不会有什么结果的。虽然朝廷很快颁布诏令，派遣了百余名官员前往山东赈灾，也免除了淄川的税收，但还远远不够。返乡的路上，蒲松龄感怀心伤地吟道："官慈盗日多，日落少人行……父老对唏嘘，愁旱心煎烹。尤恐天降雨，晚田无人耕。晚田无人耕啊……"

所有人都渴望灾情早日结束，可是上天并不眷顾苍生，六月下了一场大雨后，随即又爆发了蝗灾，几乎把庄稼全部毁掉了。秋冬时节，逃荒的灾民居然比上一年还多。蒲松龄依稀记得，去年这个时候，还有些慈悲心肠的人在收养遗弃的孩子，如今只听得弃子在路边哭喊，而不见有人回头。

康熙五十四年（1715）开春，旷日持久的灾荒终于有所缓和。但是，依然会有饥民倒在流浪的路上。三月，蒲松龄带着儿子和毕家的子弟去参加考试，路上不时会遇到饿殍和流民，他实在不忍再看，于是强忍悲痛，策马而过。

暮年风华

揭发腐吏

康熙四十八年（1709）十月，秋去冬来，淄川县又到了缴纳漕粮的时候。

蒲松龄仍旧在毕家坐馆，但他已经七十岁了，准备年底就撤帐回家。前几天家人捎信儿来，说今年的漕粮税钱，每石米的价格涨到了二两一钱多银子，实在是太贵了。

漕粮，本来是直接交粮的。每年秋末冬初，淄川的百姓都得把粮食交到德州或者临清的粮仓，然后走水路运到北京，所以叫漕粮。但是粮食很沉，路途遥远，老百姓运送特别费力，于是好多人直接带上银两，到了德州以后，临时买米去交。这样一来是省事儿多了，但也有问题，老百姓买卖米粮零零碎碎，不好管理。康熙二十五年（1686），也就是二十二年前，一位叫张嵋的县令来淄川任职，听说此事后想了个办法：不如按照米价折算好每户应缴纳的银两，由官府出面统一收取，再买粮入仓，这样也省去了老百姓的麻烦。负责经办这个差事的官职叫作漕粮经承。

蒲松龄发现百姓都在抱怨这件事。他记得当年每石米只征收六钱银子，后来随着县令的频繁更换，价格和名目也噌噌地涨，什么席草费、脚价费，每年涨个一二分。到了前年，每石米已经涨到一两六钱银子。没想到这两年涨得更快，直接贵了五钱多！费用里多了很多杂七杂八的款项不说，更可恨的是，官府居然把称粮食的容器悄悄换了，借此多收百姓粮税。

蒲松龄很生气，写了一封《恳减米价呈》到县衙，恳请调低米价以减轻百姓压力，但是等了好几天，都没有回音。

他知道官府有意避开此事，于是约定与本县的几位秀才一同到县衙问询。

时任漕粮经承的是个叫康利贞的人，见到蒲松龄等人情绪激动，顿时慌了心神，支支吾吾说不出话来。大家质问道：为什么这两年米价涨了这么多？为什么新出了那么多子虚乌有的税项？是不是他的主意？如果不是，是谁的主意？要是说不清楚，他们不会轻易罢休。

康利贞推脱说增收粮税不是他的决定，不论大家如何逼问，他都只是搪塞。

蒲松龄好歹是淄川县颇具资历和威望的文人，与很多官员打过交道，还从未遇到如康利贞这般嘴脸的人。康利贞要他去找上级官员反映，可蒲松龄知道，如果没有得到上级授意，康又怎么敢做呢？更何况，如今淄川县令一职空缺，代理县令俞文翰睁一只眼闭一只眼，并没有理会蒲松龄此前的投书谏言。他们不过是官官相护而已。

蒲松龄一气之下，打算越过淄川县令这一级，直接到济南布政司去投诉。朋友们见他态度坚决，不好阻拦，只能劝他冷静从事。蒲松龄也觉得，还没与县令俞文翰见面便越级上访确实不妥，因此到济南只是作了口头申诉，并没有投送呈表。

回来后，余怒未消的蒲松龄还给好友李尧臣写信讲了事情经过，说如果官府不降低粮税，他就算拼了一身老骨头去奔走，也要让康利贞得到应有的惩罚，让淄川县的漕粮弊政得到肃清。然后又快马加鞭写了第二封谏言信——《又呈俞县公》，可依然没有结果。蒲松龄此时已经出离愤怒了，他再次到济南府布政司衙门反映情况，直接递交了《请明米价呈》，要求上级衙门给百姓们一个交代。

蒲松龄的坚持终于引起了布政使的注意。第二年春天，布政使给淄川县发了一道公文，下令查办此事，同时罢免了漕粮经承康利贞，而且下令康以后不得再入县衙。康利贞听到消息后，吓得躲了起来。

这时，新县令吴堂到任，蒲松龄又写了一封信，希望吴县令能在商定漕粮米价时出面说话。这个时候，令人担心的事情发生了，躲藏在外的康利贞又回来了，还声称有尚书大人王士禛举荐，自己将再次担任漕粮经承。

蒲松龄一听，就知道渔洋先生一定是被小人蒙蔽了。于是仰仗两人交情不错，给渔洋先生写信劝阻。此时的王士禛已经年近八十，蒲松龄也已是七旬老翁。他在信中揭发了康利贞的真面目，恳请渔洋先生不要为此人作保荐。王士禛明白真相后，不再推荐康利贞了。

康利贞的如意算盘再次被蒲松龄打乱，恼羞成怒，又开始贿赂当时暂时离职的溆浦县令谭再生，想再度谋得漕粮经承一职。蒲松龄又与另一位秀才联名写信给谭，除了揭发了康利贞的劣行外，还委婉地指出了谭再生贪图贿赂的行为失当，劝谏他不要因为一个无德小吏而自毁清誉。

谭再生和蒲松龄是有交情的，当年两人同在县学为生员，还一起参加过乡试，算是老相识了。可是蒲松龄的直言劝谏却令他很是难堪，因此并没有回信。

为了确保万无一失，蒲松龄继续向新来的吴县令递交谏言书，希望能永绝后患。包括吴县令在内的所有人，都没有想到这位七十多岁的老秀才如此疾恶如仇，出于不想让事态继续恶化的考虑，此后再也没有任用康利贞。

撤帐出贡

康熙四十八年（1709）底，蒲松龄在毕家坐馆三十年后，终于决定归家了。

三十年来，他一直奔波在外，在家的日子少之又少。如今儿女都成家了，妻子把家里打理得井井有条，日子也越来越宽裕了。他终于可以悠闲惬意地安度晚年了。

康熙四十九年（1710）的十月初一，淄川县县学举行了一场隆重的乡饮酒礼，蒲松龄、张笃庆和李尧臣都被推举为乡饮宾介，张笃庆被推为大宾，李尧臣被推为宾介，蒲松龄是众宾。这是每年一度的向本县年高德劭的人表示礼敬的仪式，礼节颇为隆重，县官还亲自向蒲松龄等人敬酒。看着当年踌躇满志的同窗诗友，如今变成了老友乡宾，蒲松龄很是感慨。

不过眼下有一件事对蒲松龄来说很重要。再过一年，他成为廪生就满二十七年了，按照规定，就具备了参加岁贡考试的资格。蒲松龄为科举劳碌一生却一无所获，这岁贡生虽然只是个虚衔，每年领取少量银两补贴，但聊胜于无，总算可以满足他的愿望。更何况，主持岁贡考试的是对他赞赏有加的黄叔琳。

康熙五十年（1711）十月二十二，蒲松龄带着一名仆人，骑马从淄川赶往青州赴考。此时已是深秋，虽然寒意浓重，但蒲松龄内心热情不减。最终，他如愿以偿成为了岁贡生。

亲朋好友听说蒲松龄终于考取了贡生，都来向他祝贺。蒲松龄听起来如同讽刺一般，羞愧难当。亲友们走后，他落寞地写下了一首诗：

落拓名场五十秋，一事无成雪盈头。

腐儒也得亲朋贺，归对妻孥梦亦羞。

好在蒲松龄有自己的精神寄托。长孙蒲立德自幼聪明好学，九岁就会写小说了，蒲松龄很喜欢他。在孙子身上，他仿佛看到了当年的自己。蒲松龄考取贡生后不久，蒲立德就以第一名的成绩成为秀才。得知消息后，蒲松龄高兴地写诗鼓励他，说"无似乃祖空白头，一经终老良足羞"，意思是

亲朋好友听说蒲松龄终于考取了贡生，都来向他祝贺。

不要像自己一样蹉跎一生。

溘然离世

康熙五十二年（1713）八月十五晚上，圆月挂天，夜空万里无云。

蒲松龄一家人聚在院子里，香案上摆着月饼和点心，大家饮酒赏月，谈天说笑。几个年纪小的孙子在追逐嬉闹。一家人其乐融融，意犹未尽，直到深夜才散去。

没想到第二天早上刘氏就高烧不退，而且越来越严重，几天后卧床不起了。她已经七十一岁了，一辈子含辛茹苦，身体落下了太多病根儿，如今一下子爆发出来，神仙药石难救。几天后，就与世长辞了。

刘氏跟着蒲松龄吃了一辈子的苦，还没怎么享福就撒手而去，令蒲松龄心痛欲绝。他感觉自己也时日无多了，只希望早日到九泉之下与妻子相聚。

祸不单行。

第二年的春天，他的两个孙儿又不幸患上了天花，反复求医，还是不幸夭折。想到不久前两个孩子还活蹦乱跳，顷刻间便天人永隔，蒲松龄肝肠寸断，一家人沉浸在巨大的痛苦之中。

连番的打击让蒲松龄心力交瘁，身体也显出病态来。很快到了年关，又过了春节，正月初五是蒲松龄父亲蒲槃的忌日，蒲松龄不顾天寒地冻，一大早就起了床，要和儿子们一起去祭奠。儿子们吃惊道："父亲这是做什么？这几日天气阴冷，看着还要下雪呢。您身体不好，万一感染了风寒可不是小事。祭祖的事，我们几个代替您去就好了。"

没想到蒲松龄火冒三丈，指着他们说："我平日里是怎么教你们的？孝父母、敬人伦是立身之本，我活着一日便得谨守本分，怎么能疏忽呢？"

"可是父亲……"

"别说了，此事不必商量了。"说着就要出门。

儿子们见拗不过父亲，只好由他去了。

然而，儿子的担忧终究变成了现实。祭祖回来后，蒲松龄就受了风寒，咳嗽气喘，痰壅胸痛，饭也吃得少了。他整日躺在床上，只觉得天昏地暗，困苦难捱，自知康复无望。但他还有一件心事未了，到了正月十五这天，他唤来儿子们说："你们去把四叔接来吧。"

蒲箬等人似乎明白了什么。四叔蒲鹤龄向来好吃懒做，这么多年全靠父亲接济才能度日，如今也年近七十了，还是贫病交加。看父亲的意思，他们兄弟时日无多了，想一起做个伴儿。于是就把四叔接来了。

兄弟俩住一起，倒不那么孤单了。两人回想着以前的日子，回想着故去的父母和兄长，时而捧腹大笑，时而悲伤落泪。

正月二十二的早上，四弟蒲鹤龄经历了一晚痛苦的煎熬后咽了气。蒲松龄用颤抖的手轻抚着四弟的脸庞，却哭不出来。他为这个弟弟操心了一辈子，最后还亲手送走了他。他总算可以瞑目了。

接下来整整一天，蒲松龄都怔怔的不怎么说话。晚上，儿子们扶他起来靠着窗户坐下，他仍旧眼神恍惚，一言不发。过了一会儿，蒲箬再去看时，发现父亲已经去世了。

他终于可以与九泉之下的妻子相聚了。

哲人其萎，栋梁崩摧。万古长夜，人神共悲。

蒲松龄
生平简表

●◎ 明崇祯十三年（1640）

四月，蒲松龄出生。

●◎ 顺治十五年（1658）

蒲松龄十九岁。童子试中得到山东学政官施闰章赏识，以县、府、道三试第一进学，成为秀才。

●◎ 顺治十七年（1660）

蒲松龄二十一岁。首次赴济南参加乡试，未中。

●◎康熙二年（1663）

蒲松龄二十四岁。第二次参加乡试未中。

●◎康熙三年（1664）

蒲松龄二十五岁。与父兄分家。

●◎康熙五年（1666）

蒲松龄二十七岁。参加乡试未中。

●◎康熙八年（1669）

蒲松龄三十岁。父亲蒲槃去世。参加乡试未中。

●◎康熙九年（1670）

蒲松龄三十一岁。八月赴孙蕙县署作幕宾。

●◎康熙十年（1671）

蒲松龄三十二岁。秋天辞别孙蕙返乡，南游结束。

●◎康熙十一年（1672）

蒲松龄三十三岁。得到高珩、唐梦赉赏识，一同游崂山，登泰山。参加乡试未中。

●◎康熙十四年（1675）

蒲松龄三十六岁。参加乡试未中。

●◎康熙十七年（1678）

蒲松龄三十九岁。参加乡试未中。

●◎康熙十八年（1679）

蒲松龄四十岁。到淄川县西埔村毕家坐馆，同时《聊斋志异》初步结集，写有《聊斋自志》。

●◎康熙十九年（1680）

蒲松龄四十一岁。母亲董氏去世。

● ◎ 康熙二十六年（1687）

蒲松龄四十八岁，与王士禛结交并获得赏识；参加乡试，因越幅违式被黜。

● ◎ 康熙二十九年（1690）

蒲松龄五十一岁。参加乡试，再次违式被黜。

● ◎ 康熙三十二年（1693）

蒲松龄五十四岁。馆东毕际有病逝，其子毕盛钜延聘蒲松龄为西宾。

● ◎ 康熙三十九年（1700）

蒲松龄六十一岁。皇太后六十寿诞，朝廷下诏开设恩科，蒲松龄赴试未中。

● ◎ 康熙四十一年（1702）

蒲松龄六十三岁。最后一次参加乡试，未中，此后不再赴试。

●◎康熙四十八年（1709）

蒲松龄七十岁。年底，从毕家撤帐归家，结束坐馆生涯。

●◎康熙五十年（1711）

蒲松龄七十二岁。十月至青州参加岁贡考试中式，补岁
贡生。

●◎康熙五十四年（1715）

蒲松龄七十六岁。正月初祭奠祖茔，感染风寒。二十二日，
蒲松龄逝世。卒年七十六岁。